# 日本史を歩く

岡島茂雄 著

# はじめに

閑《しずか》さや　岩にしみ入る　蝉《せみ》の声

山形の立石寺《りっしゃくじ》を訪れた江戸時代の俳人、松尾芭蕉《ばしょう》が紀行文「奥の細道」に詠《よ》んだ名句です。耳をつんざくような蝉時雨《しぐれ》に、静けさを感じる……虫の声は耳ざわりな雑音でしかない外国人も多いのですが、これが日本人の感性です。

また、日本人は日の出をご来光と拝んで、神々《こうごう》しさを感じます。これも太古から育《はぐく》まれてきた日本人の感性でしょう。

琵琶湖の北部、川の上流に住む老人は「下の村が使うのだから、水をきれいに使わないといかん、と昔からきつく言われてきた」と話しています。人を思いやる美しい伝統が生きています。

われわれ日本人の感性や他人に対する美しい思いやりは、神話に始まる長い歴史に育まれてきたものでしょう。ですから神話も現在に生きていると思うのです。そして、明日への智恵も、この歴史の中にあるのです。

十八世紀末にキリスト教国家の間の法であった「国際法」を、わが国は明治時代の初めに優れた先進文明として学び、「万国公法」と名付けていました。「万国公法」では一等国はイギリス、フランス、オーストリア、プロシア、ロシアの五大国とされ、二等国はオランダ、スペイン、ポルトガルなどの六ヵ国で、アメリカだけは新興国として扱っています。これ以外はすべて三等国扱いです。

三等国扱いされた日本は ―― 私はそうは思いませんが ―― 西欧列強に遅れてはならないと、近代化に心血を注ぎ世界に雄飛することができました。

そして今日までその歴史を繋《つな》いで、私たちが日本人として生きていけるのは、国を守るために戦われた人々、そして命をなげだされた人々のお陰様でもあるわけです。決して感謝の心を忘れてはならないと思います。

日清戦争にせよ日露戦争にせよ、そして大東亜戦争にせよ、日本人は実に勇敢に戦いました。その勇敢な心根はどこから生まれてきたのでしょうか。

その答えは。神話に始まる国の歴史にあるのでしょう。

ということで本書は、神話の世界から日本史を歩いていくことにします。

平成二十六年三月吉日

岡島　茂雄

## おことわり

『日本史を歩く』では、「皇紀」で年号を表しています。毎年二月十一日は、日本の建国を祝う祭日ですが、神式天皇は奈良の橿原を都と定められ、初代の　天皇に即位されて日本が建国されました。

この建国の年が、日本の紀元となる皇紀元年です。

皇紀は日本の国の年齢であり、今年（平成二十六年）日本は二千六百七十四歳を迎えています。

## 「皇紀」と「キリスト暦」（西暦）

皇紀元年
皇紀　六六〇年
　伊勢の神宮に天照大神がご鎮座
皇紀　一〇〇〇年
　十六代、仁徳天皇の御世
皇紀　二〇〇〇年
　後醍醐天皇、建武の御親政
皇紀　二六〇〇年
　杉原千畝、ユダヤ難民にビザ

キリスト暦　紀元前　六六〇年
キリスト暦　元年
　キリストが誕生
キリスト暦　三四〇年
　半島に高句麗、百済、新羅が成立
キリスト暦　一三四〇年
　英仏間に百年戦争が始まる
キリスト暦　一九四〇年
　米、日米通商航海条約を破棄

# 日本史を歩く　目次

# 序章　本論の前に

## 素直な心で神話に接する

神話と聞いて、あなたはどのような印象を受けるでしょうか。

戦後の日本——昭和二十年八月、日本が戦争に敗れた後——は、戦勝国（アメリカ）の占領下にあって、神話や歴史教育は禁止されてしまいました。

日本人が日本の歴史を学ぶに、国の成り立ちから学ぶのは当然ですから、戦前の日本人は『古事記』など神話を学んでいました。

それをＧＨＱ（連合国総司令部）は、いわゆる戦後教育と言われる教育で、日本を称《たた》えるような箇所は教科書でも墨《すみ》を塗り、新聞は徹底して戦前の日本を悪く書き、神話をはじめ、日本が世界で活躍したプラス評価の歴史は教えなくなりました。事実が事実として教えられず、徹底的に日本ばかりが悪者だと洗脳されてきました。

西欧列強は、アジアでアフリカで、武力をもって勝手な理由をつけて植民地化し、徹底して搾取《さくしゅ》し原住民を痛めつけ、ときに殺し、さんざん悪いことをしておきながら、それらについては一切を語っていません。

戦勝国は悪魔の行状を犯しながら、善人顔をして日本を叩いた。日本というただ一国が、世界に向かって勝手に戦争をした悪い国である、ということを強く印象づける情報を流し、憲法（占領基本法）を制定し、東京裁判で裁き、日本を悪者とする戦後教育を徹底的に行なったのです。ＮＨＫもそのお先棒を担《かつ》ぎ、現在も反日思想を私たちに押し付けています。

そして科学が発展してくると、何でも科学的に説明するようになりました。例えば神話は科学的でないと頭から受け付けない人もいます。

でも科学的でない、目に見えないから信じないというのは、正しくありません。目に見えないからと言って、頭からその世界を否定してしまって良いのでしょうか。私は、そうは思いません。むしろ目に見えないものの中に真実があるように思います。

ごく身近な例を挙げれば、私たちは目に見えない空気によって生かされています。テレビや携帯電話の電波も、電子レンジの電磁波の波動なども目には見えません。でも実際は多くの恩恵を私たちに与えてくれています。

ということで目に見えないから実在しないとか、神話だから信じないというのは、現実的ではありません。

となれば、なんで神話が生まれたのか、そしてそこに籠《こ》められた当時の人々の思いは何であったのか、それを素直に感じとることが本当の歴史を知るにあたって大切なことだと思うのですが、いかがでしょうか。

そして私が何より望むのは、神話の世界を頭で理解するのではなく、心で感じとってほしいということです。

神話には日本人の直感力や壮大な思いがあります。

## 語り継がれて今がある

もう一つ神話を学ぶときに大切なことがあります。

それは神話の中身が正しいかどうかというのではなく、もっと現実的な話です。神話の中に日本人の生き方があると言っても過言ではないと思っています。

平成二十二年は坂本龍馬が話題になりました。二六〇年続いた江戸幕府では荒波の国際社会に対応できない。日本は日本本来の姿に戻って政治をやる必要がある。攘夷《じょうい》か開国か、殺し合いまでやって出た答が「大政奉還」でした。

天皇に一旦《いったん》政治をお返しする。そこで新たな政治体制をつくっていく。それが明治新政府の意向でした。

なぜ　天皇にお返しするのか。その答が神話の中にあります。

これが世界に例のない日本独特の思想であり、理想の政治をする姿なのです。

つまり　天皇は一切の我欲をもたれず、常に国民《くにたみ》と世界の平和を祈られておられる。その御心を体して政治を行なう。私利私欲、利権や権力に溺《おぼ》れることなく公僕《こうぼく》として国家国民に尽す。それを政治の原点にしたのです。

その絶対無私なる心と、公に奉仕する心が実は神話の世界にあるのです。

日本の先人は神話を勉強し、そこにある日本人の生き方、日本の国のあり方を強く自覚し、それを日常生活のなかで実践し、守り、語り継いで後世に繋《つな》げてきているのです。

ここが最も重要なことで、神話の世界の生き方が、現実の日本人の生き方になっているということなのです。

ですから神話を否定しようにも、現実的には否定のしようがないわけです。

日本が国難のとき、大事な節目のときには、必ずと言ってよいほど　天皇陛下が関係されています。

隋の煬帝《ようだい》に対した聖徳太子、元寇《げんこう》のとき石清水八幡宮に詣《もう》でて武運を祈られた亀山上皇、明治維新、日清戦争、日露戦争、大東亜戦争、終戦等々　天皇陛下が中心におられることで国民は心一つになって耐え、戦い、また復興に尽力できたのです。

語り継がれてきたという証《あかし》を一つ見つけました。

四国愛媛県松山市の護國神社の境内に「天壌無窮《てんじょうむきゅう》」と書かれた石碑があります。

今どきの人に、「天壌無窮」と言っても、おそらくわからない人の方が多いと思いますが、簡単に言うと「日本は天照大御神《あまてらすおおみかみ》の子孫たる　天皇が国家の中心に立ち、天地とともに永遠に知ろしめす国である」ということです。

この石碑「天壌無窮」の隣に「秋山好古謹書」とありました。

秋山好古《よしふる》をはじめ軍人は、「天壌無窮」の心を我が心として日露戦争を戦った。――「天壌無窮」についてはのページで紹介――軍人が神話を学んでいた何よりの証拠ではないでしょうか。

**秋山好古（あきやま よしふる）**

安政六（皇紀二五一九）年一月、伊予（現在の愛媛県）の国で秋山家の三男として生まれる。騎兵隊の養成を担《にな》い、徹底的な研究と努力を重ね、日露戦争の陸の決戦で、世界最強のコザック騎兵隊を破る。日本騎兵の父と言われた。日本海海戦で、丁字《ていじ》戦法を考案、バルチック艦隊を撃滅した秋山真之《さねゆき》の兄。

愛媛縣護國神社境内の「天壌無窮」の碑

## 皇紀六六〇年が世紀元年

隋の煬帝に対した聖徳太子は、なぜ「日出処《ひいづるところ》の天子、書を日没《ひぼっ》する処《ところ》の天子に致す。つつがなきや……」と書簡を送ったのでしょうか。

日本を独立国家として断固守るという強い意思があったからだと思います。日本を属国扱いにしたいと思っていた隋の煬帝は、これを読んで激しく怒ったと言います。

現代の日本の政治家とは雲泥《うんでい》の差です。

それだけ聖徳太子は、日本に誇りを持ち、国を守る意志があったということになります。

その心がどこからきたのか。

なぜそういう信念があったのか。

聖徳太子をそうさせる理由があったはずです。

まだ『古事記』『日本書紀』が編纂《へんさん》されていない時代です。でも太子は国を守る強い意志があった。ということは『古事記』『日本書紀』が編纂される以前から、日本の成り立ちや国柄について、語り継がれていたということが窺《うかが》い知ることができます。語り継がれていたからこそ、『古事記』や『日本書紀』が編纂《へんさん》できたのであって、決して当時の人が勝手に作り上げて書き上げたのではないのです。

文字が無く言葉だけで伝えるのは、至難《しなん》の業です。忘れてしまったり間違って伝えてしまっては、ご先祖が語り継いできたことを、正しく伝えることができなくなるからです。ご先祖は、相当の緊張感で伝えてきたと想像ができます。

古《いにしえ》の日本人が伝えてきたことを間違って伝えてはならない。その緊張感が、日本を日本たらしめ、日本人を日本人たらしめてきたのではないか。そう思います。

それが今、神話という形で、『古事記』や『日本書紀』のなかに書かれているわけですから、神話を読むことによって日本人としての自覚が促《うなが》されて当然です。

ただ神話の世界は、神の世界のことが書いてありますので、現実的にそれがいつの時代なのか、そしてまた日本の国はいつからはじまっているのか。それが知りたくなります。

明治政府は、旧暦から新暦に変えて、いままでの紀元節――初代天皇である神武天皇が橿原宮で即位された日を日本の始まりとして旧暦の一月一日にそれを祝ってきた――

の祝いをいつにするかを考えました。

そして明治七年、『日本書紀』の記録に基づき、紀元前六六〇年を皇紀元年として、その日を新暦にあてると二月十一日になるので、その日を紀元節――現在の建国記念日――にしたのです。

ですからキリスト暦二〇一二年、平成二十四年は皇紀二六七二年になります。本来日本人なら、皇紀を使うべきところでしょうが、世界共通ということでキリスト暦を使う人が多くなりました。

相当の年配者でも現代は、キリスト暦――キリストの誕生が基準――を使っています。でも私は　天皇とともに時代を生きるという視点から、昭和〇〇年とか、平成〇〇年とか、元号を主に使うようにしています。

日本建国以来、日本の皇室は、一二五代にわたる直系の　天皇陛下で受け継がれてきています。これは世界に例を見ることができない世界最長の皇室の歴史であり、日本の誇るべき歴史でもあるのです。

皇室の歴史が日本の歴史であり、それが日本の国柄となっている。神話はそれを教えてくれます。ですから、本来の日本や日本人を知るには、どうしても神話を学ぶ必要があるのです。

皇紀について、日本人が忘れても、記録に留めおかれた事実があります。オランダの植民地であったインドネシアは、日本が戦争に敗れ武装解除した昭和二十年八月十五日の二日後に独立を宣言します。

その独立記念碑には「一七・八・〇五」と書いてあります。「一七・八」は八月十七日のことです。では「〇五」とは何を意味する数字かというと、皇紀二六〇五年（キリスト暦一九四五年）を指しています。なんと独立記念日を皇紀で表示しているのです。

インドネシアが独立できたのは日本のお陰であるという思いが籠《こ》められているわけです。日本はアジアでさんざん悪いことをしたと戦後の政治家は謝罪外交を繰り返していますが、こういう事実をぜひとも知って、歴史を見直してもらいたいと思います。

# 第一章　日本の建国

## 天地のはじめ

さて、いよいよ神話の世界に入っていきます。神話の中に、太古からの日本人の知恵が溢《あふ》れており、それがあって日本が「日本」として生き続いてきたと思っています。

今から一三〇〇年前に作られた日本最古の歴史書、『古事記』には日本人独特の宇宙観、国家観があります。

神話は日本だけにあるのではありません。世界の国々にもあります。日本との違いはそれが真実でないとか科学的でないとかということを問題にしません。そのまま受け入れていることです。

例えばキリストの処女受胎を誰も疑いません。神の声として受け入れています。現代の目で見て理屈に合わないことでも、神の世界では起こりうることを信じているわけです。

では古事記は、どのようにして書かれたのでしょうか。

それは、古代の人々が直観的に宇宙の真理を感じたり、神さまのお言葉を聞きとることができた人々によって、語り継がれて書かれた、と考えられます。

今から一三〇〇年前の和銅五年正月二十八日に完成した日本最初の歴史書『古事記』は稗田阿礼《ひえだのあれ》が語って太安万侶《おおのやすまろ》が書き記しています。

その書き出し［天地《あめつち》のはじめ］は次の通りです。


「天地《あめつち》の初発《はじめ》の時、高天原《たかあま》に成《な》りませる神の名《みな》は、天《あめ》の御中主《みなかぬし》の神」


日本人が宇宙をどう捉えていたかがわかります。

現代科学では、宇宙はビッグバンという大爆発で生れたとされていますが、古事記ではそこには目に見えないけれども、鳴り響く神がおられ、この神を天の御中主の神と記しています。おそらく古代の日本人は、神の存在を直感的に感じたのでしょう。

その宇宙の中心となる神様が、鳴り響いておられる。やがてその響きは充満し新たな神が誕生し、天地が創造されていくわけですが、どのような心で鳴り響いておられたのか。


「明るく幸せな神の世界を、地上に創りたい」

ということではないでしょうか。

山や川、草や木、日の出や夕日などあらゆるものの中に神を感じる、という感性を日本人はもっています。明るく幸せな神の世界を地上に創りたい、という神様の清い心の波動が、太古から日本人の心と共鳴してきたのです。

そしてより重要なことは、そこで神さまから頂いた遺伝子を受け継いで生を受けた私たちは、神の世界と言える国づくりをする使命を授《さず》かったということです。

その心が日本人らしい日本人をつくり上げてきたと思うのです。それが無くなれば、もはや真の日本人ではなくなったということになります。

政治家にせよ、経営者にせよ、教育者にせよ、親にせよ、このことをはっきりと自覚することで日本の再生が可能になると思っています。

## 結び神

天の御中主の神の次に「結び神」、タカミ　ムスビの神とカミ　ムスビの神さまが顕《あらわ》れます。

日本人は古来から結びを大切にしてきました。「おにぎり」のことを「おむすび」と言います。一つ一つの米粒が結びによって新しい一つの形になっていく。それが結びの作用です。

これは何も神の世界の話だけではありません。あらゆる物質を構成する最小単位は原子です。その原子は、原子核と電子が結びついて構成されていますが、原子核はまた素粒子である陽子と中性子が結びついてできています。

京都大学の湯川秀樹博士は、「物事は、結び付ける中間子があるから結びつく」という中間子理論で日本人で初めてノーベル賞を受賞しています。

『古事記』は、この中間子を「結び神」と呼び、この神さま達は「身を隠したまひき」としています。つまり、目に見えない心の波動として存在すると言っているのです。

二十世紀になって解明された物事の成り立ちを、一三〇〇年前の『古事記』が言い当てているのは、すごい事です。

光も音も心も波動をもった素粒子です。最初に神様の心の波動をもった素粒子であった。その素粒子が「結び神」によって原子となり、原子と原子が「結び神」によって調和して分子となり、その分子が他の分子と調和をとってあらゆる物質が生まれています。つまり、この宇宙に存在するもの、それはすべて神様の波動をもった素粒子でできているのです。

元々の波動は、天の御中主の神の「明るく幸せな世界を創ろう」という心ですから、これを実現していくのが日本の使命だと思うわけです。

■ コラム　サムシング・グレート

科学技術が発達し、様々な分野で今までわからなかったものが解明され、人類は大きな恩恵を受けています。しかし全てが解明されているわけではありません。

ですから『古事記』に出てくる神様の働きを、それは科学的でないと言って拒否してしまっては大事なところが見えてこなくなります。

現に科学を究めた学者でも、最終的には神の存在を認めなければならないと言ったりします。ある宇宙物理学者は「宇宙の誕生には偶然とか突然というものはない。神様の心の存在を認めないと、宇宙誕生の説明はつかない」と言っているのです。

それでもなお神様という言葉に違和感のある人は、あらゆる科学が最終的にたどりつくサムシング・グレートで納得できるのではないでしょうか。目に見えないけど何か大きな力がある。科学でも明らかにできない大きな力があるということです。「人の誕生」も「宇宙の誕生」も、人の知識を超えた神の業《わざ》、宇宙意志の業なのです。

## 日本の国生み

すべての働きを神様として表現している『古事記』には、明るく、楽しい世界を創ろうと働かれている神様が順番に顕《あらわ》れています。

海にどろどろした脂《あぶら》の固まりが、あちこちに漂《ただよ》っている有様の頃に、ウマシアシカビヒコヂの神、アメノトコタチの神のお働きで、無限の生命を生み、その生命を育《はぐく》む宇宙と大地をしっかりと支えられました。

「かみ」とは「隠《かく》り身《み》」の意味であり、実体は光として存在され、長い時間をかけて大地と生物を生みだしていかれます。

広々と続く海の中に、しっかりと陸地を現そうとされたクニノ　トコタチの神、
豊かな実りを生みだすトヨ　クモヌの神、
生き物を生み出す表面の泥と沈殿した泥を司るウ　ヒヂニの神、イモス　ヒヂニの神、
草や木が芽を出し伸び育っていく力をたくわえるツヌグイの神、イモ　イクグイの神、
山と野原をおさめようとされたオオ　トノ　ヂの神、イモ　オオトノ　べの神、
この神々のお働きでいよいよ理想のものを出し、思いが足りると喜ばれたオモ　ダルの神、
このような神さまの世界は素晴らしいと感謝されたイモ　アヤ　カシコ　ネの神々が顕《あらわ》れます。

そして古事記では神代七代《かみよななよ》と呼びますが、最後にイザナギの命《みこと》、イザナミの命《みこと》が生れました。

太古の人々の感性はとても豊かで、ア、イ、ウ、エ、オ、そのひとつひとつに意味がある音を結びつけて神さまのお名前としています。その神さまのお働きによって大自然

が生まれ、生命が育っている事を感じとっていたのでしょう。

清らかで、美しい御心《みこころ》をもって、高天原《たかあま》から強い波動を出し、神々のお働きを見ておられた天の御中主の神は、高天原《たかあま》におられる神々とご相談され、イザナギの神、イザナミの二柱《ふたはしら》の神に、

「このただよへる國《くに》を修理固《つくりかた》め成《な》せ」

と、徳と力を兼ねそなえた天《あめ》の沼矛《ぬぼこ》をお授《さず》けになって依頼されました。

二柱の神さまは、高天原《たかあま》にかかっている虹の天の浮橋に立たれ、天の沼矛を海原に突き入れて海水を掻《か》き回し、しばらくして矛《ほこ》を引き上げると矛の穂先から潮が滴《しただ》り落ち、それが凝《こ》りかたまって島が生れました。この島をオノゴロ島と呼び、淡路島南東の沼島《ぬしま》とされています。

また古代の人々は、物質は陽と陰の調和で成り立っていると感じていました。日本の国土も高天の原の神々が結び神となって、陽のイザナギの神と、陰のイザナミの神がそれぞれの働きをして生れた、と古事記は記しています。

しかも神々の御心《みこころ》で生れた島々ですから、島々を単なる陸地として見るのではなく、例えば本州は大倭豊秋津島《おおやまととよあきつしま》と呼び、豊かな秋のみのりに恵まれる島と呼んでいます。天の沼矛には、神さまの御心《みこころ》が籠《こも》っていて、日本の島々は豊かな水に恵まれ、実り多い作物にも恵まれるようになったのです。

西日本の上空にあったとされる高天《たかま》の原では、天照大御神《あまてらすおおみかみ》がイザナギの命からお生れになり、神々の世界を治められていました。天の御中主の神の御魂《みたま》をそのまま受け継がれた天照大御神は、地球のあらゆる生物に無限の慈愛を与え続けてこられ、太陽を司《つかさ》どっておられます。

天《あめ》の石屋戸《いわやど》の神話があります。天照大御神が天の石屋戸に籠《こも》られ、その戸を堅く閉ざしてしまったので、高天の原も地上も暗闇に覆《おお》われてしまった。

そこでタカミ ムスビの子、オモイ カネの神が知恵を出され天児屋命《あめのこやねのみこと》が立派な祝詞《のりと》（神事の際、斎主が神に対して唱える言葉）を奏上し、天宇受売命《あめのうずめのみこと》が神楽《かぐら》を踊られた。

その踊りがとても楽しかったので高天の原に集った八百万神《やおよろずのかみ》（沢山の神さま）は大笑いされた。石屋戸を閉ざして籠《こも》っておられた天照大御神は、外の笑い声を不思議に思われ、石屋戸を少し開けて外の様子を見られた。

そして神々のお喜びとお笑いに誘われて石屋戸を開けられて再び出て来られて、再び国中が明るくなったというお話です。

この神話は、世の中が真暗闇になったからと言って、泣いたり心配していても何も解決しない。何事が起ろうとも明るく元氣を出して、先ず神さまにお喜び頂く神事をして、神さまを信じ、神さまにお任せすれば、神さまはちゃんとされるという真実を語っているのでしょう。

## 国ゆずり

十月、出雲大社に全国の神様が集まられます。この月は全国で秋祭りが行われ神様は大忙しでです。十月を神無月と呼びますが、「な」の音に「無」を充てていますから意味が通りません。「な」は「あなた」、「かなた」の「な」で、「の」を意味します。神無月とは「神の月」を意味します。

和邇《わに》をだまして皮をはがれて赤裸になった兎《うさぎ》を助けた大国様《だいこく》、「大きな袋を肩にかけ」と童謡にも歌われている大国主神《おおくにぬしのかみ》を主祭神としてお祀りしているのが出雲大社です。

出雲を中心に強い御稜威《みいつ》を放っておられた大国主神は、天照大御神とお話し合いをされ、豊葦原《とよあしはら》中つ國は天照大御神の子孫に奉《たてまつ》り、自身は隠《かく》り身《み》となって高天《たかま》が原から降臨される天照大御神の子孫をお守りします。ただ高天が原まで届く千木《ちぎ》のある立派な宮居にしてお祀りくださいと、出雲の國をゆずられました。

天照大御神はその約束通り、高さが四十八メートルと言われる立派な出雲大社を建てられ、大国主命を祀られたのです。

出雲大社では平成十二年の調査で三本を束ねた直径三メートルの巨大な柱が出土しており、平安時代の末期においても高さ四十八メートルの神殿であったとされています。

## 天孫の降臨

天皇の祖先である神々のお言葉を神勅と言います。

天照大御神は、神さまの御心を人々の世に広めるため、高天の原の神々と話し合いをされ、アマツ ヒコ ホノ ニニギの命に高天の原を出発して地上に降りるように申されます。

これを寶祚天壌無窮《あまつひつぎてんじょうむきゅう》のご神勅と言います。

アマツ ヒコ（天津日子）とは、「日」すなわち天照大御神の子孫の意味で、ホノ ニニギは稲穂がにぎにぎしく豊かに実るという意味です。

豊葦原《とよあしはら》の千五百秋《ちいほあき》の瑞穂國《みずほのくに》は、是吾《これあ》が子孫《うみのこ》の王《きみ》たるべき地《くに》なり。宜《よろ》しく爾皇孫《いましすめみま》就《ゆ》きて治《しらせ》。行矣《さきくませ》。寶祚《あまつひつぎ》の隆《さか》えまさむこと、當《まさ》に天壌《あめつち》の與窮《むたきわま》りなかるべきものぞ。

（寶祚天壌無窮のご神勅）

日本は、皇孫であるあなたが治めるべき國である。その國に降りて治めなさい。神の子孫が引き継がれていく限り、日本はとこしえに隆《さか》えていくものである、とおっしゃったのです。

天照大御神は、天の石屋戸の前で神事をされた天児屋命《あめのこやねのみこと》、天宇受売命《あめのうずめのみこと》ら五柱の神々もニニギの命と共に降臨させ、そして天皇の皇位継承の証である「八尺《やさか》の勾玉《まがたま》」、「八咫《やた》の鏡」、「草なぎの剱《つるぎ》」を ニニギの命に授けます。それぞれの徳目を象徴した三種の神器が、今日にまで引き継がれている、これがわが日本の歴史です。

特に「鏡は私の魂」とされた天照大御神は、「この鏡は、我が御魂《みたま》として吾《われ》に仕《つか》うる如く、拝《いっ》き奉《まっ》るように」と言われました。

神話は歴史を象徴的に語っており、天照大御神の御心《みこころ》が ニニギの命となって高天の原から地上に降りてこられた、と表現しています。

ニニギの命は、高く秀でた九州、日向の國の高つ穂、高千穂の神聖な山に降臨されたのです。

天孫降臨の舞台となったのは宮崎県西臼杵郡高千穂町大字三田井、高千穂宮が置かれたとされる地で、現在はそこに高千穂神社があります。

## 日本の原風景、縄文時代

今日までに発掘された遺跡の中で最古のものは、島根県出雲市多伎町の砂原遺跡で、今から約十二万年前に人々が石器を使って生活していました。三万八千年前には、地球の最寒冷期を迎え、海面は今より百メートル以上も低かったのです。二万年前には気候が温暖化し、海面も高くなり、ほぼ現在の地形の日本の国土が生まれました。

人々は、石器を使って木製の鍬《くわ》を作り、木のお椀《わん》など木器も使っていたことでしょう。その次に世界で初めて土器も使うようになりました。定住して、穀物を作り、食料を土の器に貯蔵し、漁もして魚や貝を取る生活文化を縄文時代と呼ぶなら、それはほぼ一万五千年前の昔に始まっていたと考えられます。

縄文土器は、七百度から九百度の温度で焼かれた素焼の土器で、土鍋として栗の実を煮るなど、世界でもはじめて調理用として使われたのが特長です。縄文人は、土を自由な形でこね上げ、焼いて硬くするという技術を人類ではじめて生活に取り入れた点で画期的な智恵をもっていたのです。調理には石蒸し料理もあり、炉穴で魚や鹿、猪の肉を燻製《くんせい》にして冬に備えたり、塩を使って今の漬物という保存食を作るという事もしていました。

既に漆の樹液を精製し、土器の塗料や木の漆器として使っていた縄文時代、青森県青森市の三内《さんない》丸山遺跡から見えてくる当時の生活風景を見ていきましょう。

三内丸山は五千五百年前から四千年程前まで、約千五百年にわたって続いていた東西七百二十メートル、南北二百メートルの村です。村の中心に向う道の両脇には、道に直角に向いたお墓が並び、人々は祖先に守られ、祖先と一体となって生活していた事がわかります。

幼くして亡くなった子供は、母が使っていた土器を母の胎内と見立て、その中に納め、子供が再び戻ってくることを祈りながらあの世に送っていました。

竪穴住居の中には、地下式冷蔵庫とでも言えばいいのか、板で蓋《ふた》をした貯蔵穴が掘られ、栗やクルミが編み袋に入れて保存され、ヤマイモやユリ根、ウドなどもコモに巻かれて保存されています。住居には炉《ろ》があり、魚を串に刺して焼いたり、栗の実をゆで、なつかしい囲炉裏《いろり》の風景があったのです。

五千五百年程前の最古級の丸木舟は琵琶湖畔でも発見されていますが、三内丸山の沖館川にも川や海の幸を取る丸木舟が五艘《そう》ほど繋《つな》がれ、村には広い栗林や畑には小豆の仲間やゴボウ、エゴマなどが栽培されています。

お祭りは、掘立柱《ほったてばしら》の建物の祭殿で行なわれ、村の長《おさ》がこの地域の氏族たちの遠いご先祖さまと誇り高い歴史を語り、未来への繁栄を誓います。各氏族の長《おさ》がこれに応えて祈りをささげ、そして村の人々が一体になって踊りが始まります。

石笛を鳴らし、中を空洞にした大木の幹を数人が横槌《よこづち》で叩き、二拍子の素朴なリズムが奏《かな》でられた。祭りの時しか酒を飲まない当時の人々が、エゾニワトコ、ヤマブドウ、サルナシなどで作られた酒が回されると、わずかなアルコール分でも酔いが回り、祭りの気分は高ぶっていきます。

祭りの翌日、祭りの飾りや食べカスは「火」にくべられ、火とともにカミの世界に送る儀式をしています。現在でも「火」は、神や精霊を迎えて送る神聖なものとして神事に使われていますが、正月十五日の小正月に行う「どんど焼き」もこの頃からの神事でしょうか。

科学や文明の利器が何もなかった縄文時代は、人の心が最も豊かに流れていたと私は思います。

# 日本らしさ

縄文時代、人と自然の間には何もなかった時代です。テレビもメールもなく、コンビニもネオンの灯りもありません。日の出を仰ぎ、木の葉っぱと一緒に風に吹かれて、さやさやと昼を過し、お日さまが山にお隠れになるのを見送っては、その風景の神々《こうごう》しさに心を打たれていたでしょう。

夜はただひたすら静かで、大気が澄みきっていたので、お星さんもお月さんも、随分と真近に光り輝いていたでしょう。たまに聞こえてくるのは、犬の遠吠えぐらいで、人々は森の生き物と一緒に寝息をたてています。

縄文時代は、このような生活が一万二千年も続いたのですが、縄文時代のあとも人々は自然と共生した生活を続けています。

日本人は自然と一緒になっていたので、自然がよく見えたのでしょう。

太宰治《だざいおさむ》の、昭和十九年の小説「津軽」には、こな雪、つぶ雪、わた雪、みづ雪、かた雪、ざらめ雪、こほり雪の七つの雪が出てきます。この他にも、ぼた雪、みぞれなど全国にはいくつの雪があるのでしょうか。

雨には氷雨《ひさめ》、春雨、霧雨、こぬか雨、五月雨《さみだれ》、秋雨、時雨《しぐれ》、雲なら、すじ雲、うろこ雲、さば雲、おぼろ雲、わた雲などと、春夏秋冬がある豊かな自然に恵まれて、日本人の感性は豊かになっていきます。

残暑が過ぎ、帰宅して玄関先で突然にこおろぎの鳴き声を聞くと、その一瞬ハッとして足が止まってしまいます。そして秋の彼岸、前の日には何の気配もなかったのに田の畦《あぜ》に咲きそろう真赤な彼岸花。自然の息吹《いぶき》は神秘的です。

風景を見ている限り、季節のうつろいは感じないけれども、一吹きの風の音で秋が来たと感じた、自然はすごいなあ、という和歌があります。五十六代　清和天皇から、五十九代　宇多《うだ》天皇に仕えた朝廷役人の藤原敏行の和歌で、延喜五年（九〇五＝以後、西暦年を表す）にできた古今和歌集の次の歌です。

秋来《き》ぬと　目にはさやかに　見えねども
　風の音にぞ　おどろかれぬる

また、日本には世界にない文化である花見、お月見、もみじ狩りや、鈴虫や松虫を飼って季節を楽しみますが、これは自然と共生してきた縄文時代から、長い年月をかけて生れた文化です。

「一寸の虫にも五分の魂」と言って、「生き物をむやみに殺してはいけません」「野原の花も一生懸命《いっしょうけんめい》咲いているのだから、この花をむやみに摘《つ》んではいけませんよ」と教えられてきた日本人、物を無駄《むだ》に使っては「勿体《もったい》ない」という文化をもった日本人。

世の中、全ての生き物も物体も全て、無限の慈愛をもたれた神さまの心の波動、素粒子でできています。つまり、人も生物も自然も、明るく清らかな波動をもっているのです。

太陽に、海に、山に、川に、そよ風に、われわれが感謝して敬《うやま》う心が、大自然の元氣な波動と共振共鳴して、益々人々は元氣と幸せを頂ける……縄文時代の人々は、理屈でなく肌でこのような事を感じ自然と共生して生活していたと思うのです。

## 弥生時代の始まり

高度な稲作技術である二千四百年前の大規模な灌漑《かんがい》（田畑への用水路）跡が、兵庫県伊丹市の岩屋遺跡で発見されています。

縄文時代の後期には水稲や陸稲耕作も始まっていたのですが、各地方では縄文文化と混ざりあいながら、弥生《やよい》文化の始まりは今から三千年前頃と思われます。

弥生時代と呼ぶのは、これまでの縄文土器にかわって薄手の赤褐色を帯びた弥生土器が使用された事によります。その弥生土器の名は、明治十七年、東京都文京区弥生二丁目の貝塚で発見されたその地名に由来しています。

弥生時代には、水田による稲作が増え、水田を中心とした生活圏が生れ、それまでの丘陵や海辺などから平地に住むようになりました。水田を作るための整地、水を引くための用水路は、多くの集落が協力して造り上げました。

こうした協力作業や、用水路を共同管理する事によって村に約束ごとや決まりごと、そしてお互いが守るべき道徳も生れたに違いありません。

琵琶湖の北部、一番上の村に住む老人は「下の村が使うのだから、水をきれいに使わんといかん、という事を昔からきつく言われてきた」と話しています。水をきれいに使って、相手を思いやる習慣も、弥生時代に生れ育ったように思われます。

相手を思いやる心……日本はこの心で続いてきたのではないか、これが日本の国柄ではないのか、このように思っています。

国柄と言えば、自然と共生して稲作を続けてきたのも日本です。ところが、折角育てた稲も台風や冷夏で全滅する事もあります。そのため豊作を祈るお祭りは、村のもっとも大切な行事です。相手は自然ですから人の力ではどうにもならない。だから取りこし苦労はしないで、田圃《たんぼ》の神さまをお祭りして、あとは神さまにお任せしよう、とお祈りしたのです。

古くから日本の農村で行なわれている「あえのこと神事」も、その源流は弥生時代にまで遡《さかのぼ》るでしょう。この神事は稲刈りも終った十一月、主人が田圃《たんぼ》に出向いて田の神さまを自宅にお迎えし、食事とお酒でおもてなしをして神さまを山にお送りし、次の年の春、一年の農作業が始まる時には、田の神さまと一緒に主人が田圃に入るという神事です。

## 神武天皇の東征

天照大御神の寶祚天壤無窮《あまつひつぎてんじょうむきゅう》のご神勅によって、ニニギの命は高千穂の峰に降臨《こうりん》されました。

ニニギの命の第三世に当る　神武天皇と呼ばれるカム ヤマト イワレ ビコの命は、都をどこにすれば、天《あま》の下の政《まつりごと》を平安にできるだろうか、もっと東の方に行けば良いと思うが、と兄の五瀬命《いつせのみこと》と相談されました。

五瀬命もそれに賛成され、命《みこと》たちは人々が豊かで幸せに暮せるよう稲の作り方や蚕《かいこ》の育て方を村々の人に教えながら、筑紫《つくし》、安芸《あき》、吉備《きび》、浪速《なにわ》へと進みます。

生駒山を越えて大和の国に入ろうとした時、土地の強力な部族である長髄彦《ながすねひこ》との戦いに破れ、兄の五瀬命は流れ矢に当り、重傷を負われました。

神武天皇はおっしゃいました。

「吾は日の神の子孫なのに、太陽に向って戦うことはよろしくない。遠まわりをして南から日を背にして進もう。そうすれば刃《やいば》に血をぬる事なく、相手は自《おのず》から敗退するだろう」

ところが、今の和歌山市までこられた時、重傷の五瀬命は亡くなられました。五瀬命は和歌山市和田の竈山《かめやま》神社でお祀《まつ》りされており、陵《みはか》は神社の背後の円墳です。

## 八咫烏《やたがらす》

神武天皇は、兄の死を悲しむ間もなく、熊野の奥へと進みます。和歌山と大和の国境は獣道《けものみち》しかないような険《けわ》しい山が続いていて、方角さえもわからなくなりました。

そんな時　神武天皇の夢の中に、天照大御神が現れて「これより奥の方は尚《なお》多くの荒神《あらがみ》どもがいる。今、天から道案内として八咫烏を遣《つか》わす。この鳥の飛んで行く方について行けば、無事に大和に入ってゆける」とおっしゃったのです。

次の日、一羽の大きな鳥が現れ、先導されて宇陀《うだ》に着くことができました。

神武天皇に逆《さか》らう部族もいたのですが、これらを平定され、最後に大軍の長髄彦が天皇の前に立ちはだかります。

## 金色《こんじき》の鵄《とび》

長髄彦は、この地に住んでいた天神《あまつかみ》の子孫のニギ　ハヤ　ヒコの命《みこと》に仕えていて、

神武天皇を　天照大御神の皇孫とは知らずに、最後まで　天皇と戦い続けます。長髄彦の主人のニギ ハヤ ヒの命《みこと》とその子、ウマシ マヂの命《みこと》は　天皇にお仕えすると誓い、長髄彦を諭《さと》すのですが長髄彦は聞き入れません。

丘の上から　神武天皇が全軍を指揮しておられたその時、急に黒雲が広がり辺《あた》りは真っ暗になり、雹《ひょう》が降ってきました。黒雲から稲妻《いなづま》がピカッと走った時、一羽の大きな金色の鵄《とび》が現れ　天皇の弓の先に止まったのです。

鵄《とび》の體《からだ》が放つ稲光《いなびかり》のような光に、長髄彦の兵は皆、目をあけていることもできず、ついに降参しました。

## 神武天皇の建都

こうして、大和を平定して畝傍山《うねびやま》の橿原《かしはら》の地に橿原宮を建てられ、初代の　天皇に即位されました。今（平成二十六年）から二六七四年前の皇紀元年の正月朔日《ついたち》、今の暦では二月十一日の事です。キリスト暦で言えば紀元前六百六十年に当ります。

日本の　天皇陛下を一二五代さかのぼれば　神武天皇に至り、さらにさかのぼれば神々と結びついています。

歴代天皇のお言葉を詔《みことのり》と言います。

神武天皇は、都を定められた詔の中で仰《おお》せになりました。


日向を出発して東に進み、大和の国を鎮《しず》められたのは　天照大御神をはじめご先祖の神々と、おおみたから（国民のこと）のおかげです。この上は　天照大御神のお心にそうように、お互い豊かな心を養って、人々がみな幸せに仲よく暮せるようにつとめましょう。天地四方、八紘《あめのした》に住むもの全てが、一つ屋根の下の大家族のように仲よく暮らすことは、なんと楽しく嬉しいことだろう。


国民のことを大御宝《おおみたから》として慈《いつく》しまれる　天皇陛下の御心《みこころ》は、見返りを求めないで、今日現在も我々に限りない慈愛を与え続けておられる　天照大御神の御心《みこころ》です。

それから四年後　神武天皇は、橿原宮から西北に八キロメートル程の鳥見山に出かけられ　天照大御神に申し上げられました。

「我《あ》が皇祖《みおや》の霊《みたま》、天《あめ》より降《くだ》りひかりて、朕《あ》が躬《み》を光《てら》し助けたまへり。今諸《いまもろもろ》の虜《あだども》已《すで》に平《ま》き、あめのしたに事無《ことな》し。以《も》て天神《あまつかみ》を郊祀《まつ》りて、大孝《おやにしたがうこと》を申《の》べむ」

つまり、「大孝」を「祖《おや》（皇祖）に従うこと」と申されました。

親が子供にそそぐ愛は無償の愛です、子供がその恩に報いようとするのが孝行です。天皇にとっての親は、高天原の神々であり皇祖　天照大御神ですから、大孝は皇祖皇宗《こうそこうそう》に祈られる御心であります。

鳥見山の頂《いただき》の西にある等彌《とみ》神社が、この祭事が行なわれた聖地です。

### ■コラム　橿原宮のこと

昭和十五年の皇紀二六〇〇年祭に向け、昭和十三年から二年半、橿原神宮外苑の整備工事に伴い約十万平方メートルが、京都大学考古学研究室の末永雅雄氏らによって発掘調査された。

地下一・五メートルくらいのところから縄文、弥生時代の遺跡と、切り出したイチイガシ（櫟樫）の大樹根が多数出土し、この土地が神聖な樹木である樫の森が広がっていたことがわかった。橿原の地名にはこれに由来している。

東京学芸大学の鹿沼景揚《かぬまけいよう》名誉教授は、アメリカのミシガン大学にこの樹根を持ち込み、炭素十四による年代の測定をすると、二千四百〜二千八百年前、という結果が出た。この数字の間をとると、丁度二千六百年前となる。

皇紀二六〇〇年祭に向けての調査によって、橿原宮が畝傍山《うねびやま》の南東に建てられていたことが裏付けされている。

# 第二章　聖徳太子の偉業

## 天皇の御世の始まり

第一代の　神武天皇は、崩御されてからのお名前であり、お生れになった時のお名前は、カムヤマトイワレビコノミコトと呼ばれ、即位されてからはハツクニシラススメラミコトと申されます。

二代　綏靖《すいぜい》天皇、三代　安寧《あんねい》天皇、四代　懿徳《いとく》天皇、五代　孝昭《こうしょう》天皇の御在位のときのお名前には、農耕を表す「耜《すき》」や「殖」、「稲」などの文字が見られます。

六代　孝安《こうあん》天皇、七代　孝霊《こうれい》天皇、八代　孝元《こうげん》天皇、九代　開化《かいか》天皇は、民《おおみたから》に争いや厄病《やくびょう》が広がるのは、天皇の徳が足らないからだとして、代々の　天皇がされてきたように、人々の幸福を神々に祈り続けておられます。

### ■ コラム　稲の文化

昭和六十一年、佐賀県神埼市で発掘された吉野《よしの》ケ里《り》遺跡では、高い柵や壕《ほり》で集落を囲んで、水田の生命線の水路を守っていました。

また農耕祭祀の祭器も北九州から四国にかけては銅矛《どうほこ》、瀬戸内は平形銅剣、山陰には中細形銅剣、近畿から中部にかけて鈴のような音色を出す銅鐸《どうたく》が使われ、当時の文化圏が見えてきます。

今、学校の理科で、雷は積乱雲の電位差による放電現象と学んでいます。昔はそんな知識はありません。昔の人々は雷は神さまが鳴っておられるのだ、として「神鳴り」と呼びました。しかし、畏《おそ》れていただけでなく、雷が田圃《たんぼ》に落ちると種々な原素が田圃に入って豊作になることも経験的に知っていたのです。

それで雷光を稲の妻、稲妻《いなづま》と呼んだのです。畏ろしいけれども、雷は豊作を運んでくれる有難い神さまでした。

## 徳をもって治める

第十代　崇神《すじん》天皇は　天照大御神と大物主神《おおものぬしのかみ》を同じ官殿でお祀りするのは畏《おそ》れ多いと思っておられました。この時、

「吾が子、大田田根子《おおたたねこ》をもって私を祀《まつ》らせれば、たちどころに國は平《たい》らぐであろう」

という大物主神のお告げが日御子《ひみこ》にありました。そうして箸墓《はしはか》の南東の茅原《ちわら》にいた大田田根子が、大物主神を祀る神主《かむぬし》となられると疒病はやみ、豊作で百姓《おおみたから》も豊かになりました。大物主神は奈良県桜井市の大神神社《おおみわ》で祀られています。

この頃、地方は大小の村々が長《おさ》を中心にして、その地域を治めており、日本が一つの国としてまとまっていません。天皇の御心が全国に伝えられていなかったのです。

そこで　崇神天皇は「朕が意《あこころ》を知《し》らしめよ」と、四人の皇族を選ばれ将軍として各地方に派遣されました。

大彦命《おおひこのみこと》を北陸に、武淳川別《たけぬなかわわけ》を東海に、吉備津彦《きびつひこ》を西道に、丹波道主命《たにはのみちぬしのみこと》を丹波《たには》に送られ、この方々を四道《しどう》将軍と呼びます。

天皇が各地を治められる時　天皇のお考えを各地の長《おさ》に伝えられ、各氏族が祀っていた氏神さまをお連れして、宮中でお祀りしてきました。

現在の皇居の賢所《かしこどころ》では　天照大御神を、皇霊殿では代々の天皇を、そして神殿では各地の氏神さまを含め全国の神さまをお祀りしています。

こうして全国の氏族の神さまをお祀りしているから　天皇制度も続いてきた……天皇

はこのような徳で国を治められてきたのです。

他国では強い王が武力でほかの国を征服する。そしてその国の宗教や伝統や言葉まで消し去って、自国の宗教、文化、言語を押しつける。そうすると、その国もまた、別の王によって滅ぼされてしまう、という繰り返しが見られます。

宗教や伝統、言葉、歴史というものは、すごい力をもっているのです。歴史をなくした国は必ず滅びる、と言われるのもここにあります。

■ **コラム 「卑弥呼」はいない**

皇紀九〇〇〇年代に大陸の魏《ぎ》から日本に派遣された二人の話をもとにして魏志倭人伝《ぎしわじんでん》が書かれた。魏の二人は実際に日本を歩いていないし、ヤマトにも行っていない。当時の地図は九州の南に日本の本州があり、倭人伝に記された距離も全く不正確で、倭人伝は歴史資料に全く値しない。

倭人伝では日本史に存在しない邪悪な馬の国を意味する「邪馬台国」の女王を「あ

あ、これ以上卑《いや》しいものはない」と侮蔑《ぶべつ》した「卑弥呼《ひみ》」と呼んでいる。日本で「卑」のつく姓名は歴史上一人もいない。新聞や教科書に「卑弥呼」が定着しているが、これは明らかに間違っている。

日本の官吏が魏の二人に話した「ヒミコ」は、日、つまり天照大御神の御子《みこ》であり「大和の日御子」が正しいのである。日御子は第七代　孝霊天皇の皇女、ヤマト トド ヒ モモソ ヒメと推定され、陵《みささぎ》は奈良県桜井市の通称、箸墓《はしはか》古墳でしょう。三世紀後半の最古級の前方後円墳である。

## 天照大御神が伊勢に御鎮座

十一代の　垂仁《すいにん》天皇は、父の　崇神天皇のご遺志を継がれ、第四皇女のヤマトヒメに、天照大御神が永久《とこしえ》にお鎮《しず》まりになる地をご案内するように申しつけられます。ヒメが大和の質の良い籾種《もみだね》を各地に配り、養蚕《ようさん》、織り物、田畑の開墾などを教えながら　天照大御神を各地にご案内して二十数年、三重県の伊勢に入られた時　天照大御神はヤマトヒメに、

「この神風の伊勢國《いせのくに》は、即《すなわ》ち常世《とこよ》の浪の重浪帰《しきなみよ》する國なり。傍國《かたくに》のうまし國なり。是《こ》の國に居《お》らむと欲《おも》う」

と、仰《おお》せになりました。

清き直《なお》き心のヤマトヒメには、神さまの心の波動が言葉として聞こえるのです。ここに伊勢の神宮が造営され 天照大御神が御鎮座されます。

十二代の 景行《けいこう》天皇は、治安が乱れ百姓《おおみたから》が安らかでなかった九州及び東国の平定を第二皇子の日本武尊《やまとたけるのみこと》（倭建命）に命じられました。

十三代 成務《せいむ》天皇は、日本武尊の異母弟で、引き続いて東国の平定に力を入れられ、さらに国や郡の境界を確定し、国造《くにのみやつこ》、県主《あがたぬし》を置いて地方を治められました。

## 民のかまどは、にぎはひにけり

十四代 仲哀《ちゅうあい》天皇に筑紫の熊襲《くまそ》部族の反乱の報が入ってきました。この時 神功《じんぐう》皇后に「熊襲を唆《そその》かしているのは朝鮮の新羅《しらぎ》であり、ゆえに新羅を説得するのが先決である」という神さまの宣告があって、皇后が 天皇に進言されるも 天皇はそれを疑って聞きいれられません。そうして　仲哀天皇は熊襲と闘った結果、矢傷を受け翌年に身罷《みまか》られます。このため神功皇后は摂政として、熊襲を平定され、さらに新羅に渡って熊襲を再び唆《そその》かさないよう要請されたのです。

十五代　応神《おうじん》天皇の頃、朝鮮半島では高句麗《こうくり》、百済《くだら》、新羅《しらぎ》、任那《みまな》の内紛が起こり、半島南部の百済から多くの人々が日本に帰化をし、その中には百済の王仁《わに》博士が「論語」や「千字文」を携《たずさ》えて来朝しています。これ以後、仏像や教典など、仏教が日本に伝えられたのです。

十六代　仁徳《にんとく》天皇は、天皇陵を造る労役や国内の平定や朝鮮への遠征の出費で百姓が貧しくなっている事を心配しておられました。案の定、仁徳四年（皇紀九七六、以下括弧内は日本の建国年を元年とする皇紀を示す）二月、現在の大阪市中央区の高津宮《たかつのみや》の高台から四方を見渡しても、朝ごはん時だというのに朝粥《あさがゆ》を炊く煙は立ち昇っていません。

翌月　天皇は「これから三年間、あらゆる労役や租税を取りやめ、百姓《おおみたから》の苦しみを息《いこ》えよ」と詔を出されました。

三年間の免税で、朝粥を炊く煙が立ち上がるのを見られた天皇の御歌です。

高き屋に　のぼりて見れば　煙たつ　民《たみ》のかまどは　にぎはひにけり

百姓が豊かであれば、私も豊かである。民《たみ》が貧しければ、結局私も貧しいのである、と言われた天皇に、皇后は「宮殿の垣根も屋根も破れ、ふすまも雨にぬれ、食べるものもないのに豊かなのですか」と問いかけられます。天皇は、「民に食するものがあれば、私の心は大いに落ち着き、豊かな気分になる。大神がおられて、民がある。民は豊かで幸せな暮らしを望むが、欲に走って争いが起き、不幸が訪れる。そうならないように大神に祈るのが、私の立場である」とも応えられました。

この年の秋、諸国の代表が高津宮を訪問し、「民はすっかり豊かになりました。その反面、宮の建物は荒れ、庫《くら》にはほとんど何もありません」と課税を申し立てたのですが、天皇は、「さらに免税を三年間延ばす」とご返答されました。皆は驚きその理由を尋《たず》ねられると、「その三年が明ければ、私は皆に充分に働いてもらおうと考えているからである」と諭《さと》すように述べられました。

その三年が明けた仁徳十一年（九九〇）四月、淀川と大和川が流れ込む大阪湾から潮が逆流して家や田が被害を受けないよう、治水工事の詔を出されました。

天照大御神がおっしゃった「豊葦原《とよあしはら》の千五百秋《ちいほあき》の瑞穂《みずほ》の國」の日本は、黄金色の稲穂がゆれる田圃の風景が似合います。十七代から二十八代にかけて　履中《りちゅう》　反正《はんぜい》　允恭《いんぎょう》　安康《あんこう》　雄略《ゆうりゃく》　清寧《せいねい》　顕宗《けんそう》　仁賢《にんけん》　武烈《ぶれつ》　継体《けいたい》　安閑《あんかん》　宣化《せんか》の各天皇の御世も、農業を振興されました。

二十六代　継体天皇も、「農桑《のうそう》を勧め給ふ、挙國皆働の詔」で、「天皇自《みずか》ら耕《たが》して農業《なりわい》を勧《すす》め、皇后親《こうごうみずか》ら蚕《かいこ》を育て絹糸の増産を勧《すす》めたまう。農業《なりわい》を止めてしまっては、世の中が栄える事はない。朝廷の宮史は世の中の人々にこの事を伝えて、私の思いを理解させるように」と農業、養蚕《ようさん》の振興を促されています。

## 仏教を受け入れ

二十九代　欽明《きんめい》天皇は、朝鮮半島の内紛解決のため十三回にも及び詔を出されました。三十代　敏達《びたつ》天皇、三十一代　用明《ようめい》天皇の御世は、外国の文化である仏教を取り入れるか否か、群臣の間でも大きな問題となりました。三十三代　推古《すいこ》天皇の摂政となられた聖徳太子は、高句麗の僧、慧慈《えじ》から勝鬘経《しょうまんぎょう》、法華経《ほけきょう》、維摩経《ゆいまきょう》の三つの経典を学び、自ら独自の註釈を加えた三経義疏《ぎしょ》を著されています。太子は先ず仏教を深く理解された上で、仏教を受け入れられたのです。

推古元年、仏教を守る四天王を安置して大阪湾岸に建立された四天王護国之大寺、通称、四天王寺は、外国に対する日本の国威の象徴でもありました。推古十五年、建立時のまま千四百年以上もたつという世界最古の木造建築である法隆寺などを太子は建立され、仏教文化が日本に開花していきます。

同じ年、推古十五年二月、神祇《あまつかみくにつかみ》を祭祀《いわいまつ》る詔が発せられ、この月の十五日には群臣と共に神々を祭祀《いわいまつ》られました。太子は日本古来の神道を守られ、そのうえで仏教をはじめ外国の文化を取捨選択して日本に取り入れられたのです。

## 世界最古の成文憲法の制定

僧、慧慈《えじ》や葛城臣《かつらぎのおみ》らをお伴に、推古四年十月、伊予の道後温泉に行かれた時の太子の碑文が残されています。その碑文から、太子の政治に対する姿勢を知る事ができます。

日月私照なし。太陽や月は天上にあって、すべてのものを私なく照らしている。この道後の温泉も大地から湧きいでて、貴賤《きせん》上下貧富老若《ひんぷろうじゃく》わけ隔《へだ》てなく、その恵みを与えている。政治は、このように不思議な自然の作用と同じような役割を果たすものでなければならない。そうすれば、人民《おおみたから》は活力を与えられる。私に偏《かたよ》ることなく人々に恵みを施すのが政治である。

そして推古十二年（一二六四）五月、太子は人々の和の精神を元として国家の理念を定めた十七条憲法を自ら制定されました。

世界最古の成文憲法です。

憲法は国家の根幹として国体を明記するものであり、太子は日本は「君主民本」の国としています。さらに権力による統治でなく、建国以来続いてきた徳による統治を謳《うた》っています。

ノーベル文学賞のイギリスの作家、バーナード・ショーは「民主主義とは、無能な多数の人々が、腐敗した少数の人々を選出することにほかならない」と語っています。こ

の言葉は民主主義の事実を言い当てています。多数決原則による民主主義は、時として
とんでもない政権を生み出すものです。

日本は　神武天皇以来、私利私欲のない賢人が天皇の補佐をして　天皇の徳治政治で
国を治めてきました。

政党政治と徳治政治、そのどちらが日本の国柄にふさわしいでしょうか。私は民主主義とか政党政治というものには、何か大きな矛盾があるように思えてなりません。

十七条憲法の全文を読むと、太子は国家の憲法の中で法律と異質な「人の心」を取り上げ、相手に対する思いやりが大切だと謳《うた》っておられると思うのです。十七条憲法の一部を紹介します。

一《ひとつ》に曰《いわ》く、和《やわらぎ》を以て貴《たっと》しとなし、忤《さか》ふること（逆らうこと）無きを宗《むね》とせよ。人皆党《たむら》有り。亦達《またさと》れる者少し。是《ここ》を以て、或《あるい》は君父に順《したが》はず、乍《ま》た隣里《まとなり》に違《たが》う。然《しか》れども上和《かみやわ》らぎ下睦《しもむつ》びて、事を論《あげつら》ふるに諧《かな》ひぬる（互いに十分意見を述べあう）ときには、則ち事理自《ことわりおのずか》らに通《かよ》ふ（自然にものの道理がわかる）、何事か成らざらむ。

二《ふたつ》に曰《いわ》く、篤《あつ》く三宝《さんぼう》を敬《うやま》へ。三宝とは仏《ほとけ》・法《のり》・僧《ほうし》なり。

三《みっ》に曰《いわ》く、詔《みことのり》（天皇のお言葉）を承《うけたま》りて必ず謹《つつし》め。

四《よっ》に曰《いわ》く、郡卿百寮（官史）、礼を以て本《もと》とせよ。それ民を治むるの本は要《かなら》ず礼にあり。上《かみ》、礼なきときは、下、斉《ととの》ほらず。下、礼なきときは、以て必ず罪あり。是を以て、君臣礼あるときは、位次《くらい》乱れず。百姓《おおみたから》礼あるときは、国家自ら治まる。

六《ろく》に曰《いわ》く、悪《あしき》を懲《こら》し善《ほまれ》を勧《すす》むるは、古《いにしえ》の良き典《のり》なり。

十二《とおあまりふたつ》に曰《いわ》く、国司《くにのみこともち》・国造《くにのみやつこ》、百姓《おおみたから》に斂《おさむ》る（かってに税や労役をかけること）勿《なか》れ。国に二《ふたり》の君非《な》く、民に両《ふたり》の主《あるじ》無し。率土《くにのうち》の兆民《おおみたから》（すべての人民）、王《きみ》を以て主《あるじ》と為す。

十六《とおあまりむっつ》に曰《いわ》く、民を使ふ時（庶民の仕事が忙がしくない時）を以てするは古の良き典《のり》なり。

十七《とおあまりななつ》に曰《いわ》く、大事《おおきなること》は独《ひと》りで断《さだ》むべからず。必ず衆《もろもろ》と論《あげつら》ふべし。

## 隋と対等外交を結ぶ

推古十五年、聖徳太子は強力な軍事力で支那の覇権を握った隋に、小野妹子《おののいもこ》を派遣し、皇帝に次の国書を届けています。

「日出《ひい》ずる處《ところ》の天子、書を日《ひ》の没《ぼっ》する處の天子に致す。恙無《つつがな》きや。」

これを見た隋の煬《よう》皇帝は怒ったものの、小野妹子の帰国に際して裴世清《はいせいせい》を国使として わが国に派遣し、隋と対等の外交が開かれました。

これは当時としては画期的なことで朝鮮半島の各国が隋に貢物《みつぎもの》をして隋の属国として甘んじている中、自立自尊の精神をもって、隋に服属しないと決意された太子の偉大さがここにあります。大国を恐れず、小国を侮《あなど》らないのが太子の外交です。

そして、太子は優れた人材を登用するため、官位十二階を制定されました。人の徳が最も尊いものとされた太子は、一番上位の官位の名前を「徳」とされています。また四天王寺の中に施薬院、療病院、孤児や老人の施設の悲田院、学校の敬田院を設けられ福祉、教育政策を進められました。

### ■ コラム　太子の薬猟《くすりがり》

太子は、野外を歩くことによって、上級官吏の健康を守ろうとしました。毎年五月五日、夜明けと共に集まって、一日の行程で野山を歩くのです。薬草を取る、という意味でなくこれをクスリガリと言っていました。推古十九年（一二七一）の薬猟の行先は、現在の奈良県の宇陀郡《うだ》でしょうか、菟田野《うだの》です。

「山ほどに　薬を飲んで　またやまい」という川柳がありますが、現代病には薬漬けが原因という事もあるでしょう。

森林浴という言葉があります。森の自然の氣をいっぱいもらって元氣になる、クスリガリとはうまく言ったものです。

真言宗の開祖、空海も山歩きをすれば、病気が治ることを知っており、これを四国八十八箇所の霊場の巡礼と言う修業に取りいれたのです。

## 大宝律令の制定

聖徳太子が摂政に就《つ》かれる前、朝廷は大臣《おおおみ》の蘇我馬子《そがのうまこ》が実権を握り、横暴を続けます。馬子は物部氏《もののべ》を倒したあと、朝廷を私物化すべく帰化人の東漢直駒《やまとのあやのあたいごま》に命じ、三十二代崇峻《すしゅん》天皇を弑《しい》させています。

聖徳太子が皇紀一二八二年に没せられ、三十四代　舒明《じょめい》天皇、三十五代　皇極《こうぎょく》天皇と続いた皇極二年、馬子の孫の入鹿《いるか》も朝廷の実権を握るべく太子の御子《みこ》で皇位継承者とされていた山背大兄王《やましろのおおえのおう》とその一族を攻め自害させています。

危機意識をもった神祇伯《じんぎはく》の中臣鎌足《なかとみのかまたり》は、後に　天智天皇となられる中大兄皇子《なかおおえのおうじ》と協力して蘇我入鹿を倒す計画を練ります。皇極四年六月十二日、大極殿の儀式に出席した入鹿を、皇子自らも斬りつけ入鹿は絶命し、父親の蝦夷《えみし》も屋敷に火をつけ自害し、蘇我氏は滅亡しています。この年皇紀一三〇五年、三十六代　孝徳天皇の即位とともに日本で最初の年号が立てられ、大化元年となります。

この頃、朝鮮半島では戦乱が続き、皇紀一三二〇年には唐と結んだ新羅が百済の都を征圧したため、百済の遺臣は日本に避難しています。そして、半島南部が唐の支配下に入ることは日本にとっても脅威であったため、皇紀一三二三年、中大兄皇子は半島西南部の白村江《はくすきのえ》で唐・新羅連合と合戦、二日間の戦いで日本の軍船四〇〇隻は空と海を真赤に染めて燃え上がり日本軍は大敗しました。

そうして百済は滅亡し、王族をはじめ一般の人々も日本に亡命、帰化し滋賀県などに定住しました。中大兄皇子は、唐・新羅の侵攻にそなえ、九州に防人《さきもり》をおき水城《みずき》や大野城を築き、近畿にも高安城を築いて国防を強化しています。

三十七代から四十二代にかけて　斉明《さいめい》　天智《てんじ》　弘文《こうぶん》　天武《てんむ》　持統《じとう》　文武《もんむ》天皇の御世

は、こうした緊迫した情勢の中で国家としての独立を保つべく、安定した国家づくりが進められました。

聖徳太子が十七条憲法を制定され、隋と対等外交を樹立された偉業は継承され、文武天皇の大宝元年、大宝律令《たいほうりつりょう》が制定され、独立国家として法律の整備がされています。

## あをによし奈良の都は

和銅三年（一三七〇）、都は奈良、平城京に遷《うつ》され、四十三代から四十九代 元明《げんめい》 元正《げんしょう》 聖武《しょうむ》 孝謙《こうけん》 淳仁《じゅんにん》 称徳《しょうとく》 光仁《こうにん》天皇の七十余年を奈良時代と呼びます。元明天皇の御世、稗田阿礼《ひえだのあれ》の口伝えを太安万侶《おおのやすまろ》が書き記した国史の編纂は、和銅五年（一三七二）に、「古事記」が、養老四年（一三八一）に「日本書紀」が、共に三十年以上をかけた日本史が完成しています。

この時代、人口は約六百万人で、都と地方をむすぶ道路も整備され、約十六キロメートルごとにおかれた駅家《うまや》には宿泊施設と馬が用意され、六十あまりに分けられた各地方には朝廷から国司が派遣されています。わが国最初の硬貨である和同開珎《わどうかいちん》の鋳造や遣唐使の派遣もこの時代です。

伝染病が全国的に広がっていた神亀三年（一三八七）六月　聖武天皇は医薬を支給する詔を出されています。

百姓《おおみたから》に疫病が広がり、国民は夜も昼も悩んでいる。　朕《ちん》（天皇の自称）は父母である。何ともふびんである。医薬を全国に送って病をいやし平穏にし、病の状態に応じて穀物も与えよ。国司は肝《きも》に命じて、朕の心を叶《かな》えてほしい。

この年の秋には、疫病の勢いも治まり、そして田畑は豊作であったので、租税を免じる詔が出されています。

この秋は大豊作で、百姓の収穫は豊かになった。国をあげてこの慶びをわかちあおうと思う。ついては、今年の田の税はなしとすること。

さらに　聖武天皇は、天平十五年（一四〇三）、仏の功徳《くどく》によって全国の人々に恵みをもたらそうと東大寺の大仏建立の詔を出され、十年の歳月をかけて天平勝宝四年（一四一二）にこれを完成させておられます。大仏は盧舎那佛《るしゃなぶつ》と呼ばれ、万物を照らす宇宙的な存在の仏です。神の世界で言えば天照大御神に当ります。

聖武天皇は「一枝の草、一握りの土を持ってでもこの事業に参加してほしい。皆で仏の功徳を受けようではないか」と呼びかけられ、自らも作業を手伝われたという、正に国を挙《あ》げての事業が完成したのです。四月九日の大仏開眼供養は、インドの高僧、菩提僊那《ぼだいせんな》が導師を勤め、中国や朝鮮半島からも僧が招かれ、およそ一万人が列席した当時の東アジアでの最大級の国際的な行事となりました。

日本の隆昌を祈る東大寺二月堂の修二会《しゅにえ》は、お水取りの行事として知られていますが、大仏の開眼以来、一二六〇年たった今日まで途絶える事なく続けられています。

歴代の　天皇はわれわれ国民を「オオミ　タカラ」とお呼びになります。そして歴代天皇の大御心《おおみごころ》は　聖武天皇と、その千百年も後の　明治天皇の御製二首からも知ることができます。

聖武天皇御製
千萬の　民の心を　をさむるも　いつくしみこそ　基《もとひ》なりけれ
明治天皇御製
罪あらば　我を咎《とが》めよ　天つ神　民はわが身の　産みし子なれば

民《おおみたから》に災いがあるのは　天皇の徳が足らないから、と受けとめられ、民《おおみたから》の安寧《あんねい》のため一心に祈りを捧げられる天皇の大御心。その天皇を、国民が敬うことで日本があります。人には人柄があり、国には国柄があります。日本は、君民一体の家族国家です。

## ■コラム　光明皇后の御慈悲

聖武天皇のお后《きさき》、光明皇后は慈悲深い方で、次のお話が残されている。

皇后様は病人や親のいない子のために「施薬院」や「悲田院」を造られ、千人の人々の垢《あか》を落す誓いを立てられた。当時は蒸し風呂で、九百九十九人を清め終り、千人めの人は異臭を放ち身体《からだ》じゅうが膿《う》み爛《ただ》れていた。その人は「医者は、膿《うみ》を吸ってもらえば治ると言うが、そんなことをしてくれる人はいません」と語った。

皇后さまはしみじみとあわれに思われ、「苦しんでいるこの人も同じ御仏《みほとけ》の子なのだ。膿を吸うと治るのならば」と、頭から足の先まで全ての傷口の膿を吸っては出された。

するとその時、浴室に光が差しこみ、いい香りが立ちこめ、そこにこの病人の姿はなく、貴い御仏が立っておられた。

皇后様の優しいお心と深い信仰心が偲《しの》ばれる逸話である。

# 第三章　武家政権への道のり

# 日本を守った人

蘇我馬子がそうであったようにいつの世にも、我欲に溺《おぼ》れて権力を握ろうとする者が出てきます。奈良時代の後期　称徳天皇の御世、僧侶であった弓削道鏡《ゆげのどうきょう》は、呪術《じゅじゅつ》、祈祷《きとう》で病気を治す力があり　天皇の信任を得ていました。

道鏡はあらゆる手を使って、朝廷での出世を計り、ついに皇位につく悪知恵を考え出します。

大宰府《だいざいふ》の長官であった弟の弓削浄人《ゆげのきよと》を使い、神護景雲三年（一四二九）、大宰主神《かんづかさ》の習宜阿曾麻呂《すきのあそまろ》を動かして偽《いつわ》りの宇佐八幡宮のお告《つ》げを朝廷に奏上させます。

「道鏡を　天皇の御位につかしめば天下泰平ならん」。

宇佐八幡宮は大分県宇佐市にあり、当時は　天皇の即位や国の大事に際しては、勅使が宇佐神宮に奉告し、神のお告げを承《うけたまわ》るならわしがあったのです。

そんな時　天皇の夢に八幡の神の使があらわれ「大神は　天皇に奏上することがある。

側近の尼、法均《ほうきん》を差し向けるように」と告げられました。法均は和気清麻呂《わけのきよまろ》の姉ですが奈良から大分までの道中のこと 天皇は姉に代わって清麻呂に神命を伺ってくるよう申しつけられます。

悪知恵を働かせた道鏡は清麻呂を呼び、よい返事を得たときは高い官位を与えると工作しました。

清麻呂は勅命で宇佐に参り謹んで畏《かしこ》み、神前にぬかづいて神命をうかがうと、確かに神さまのおごそかな声が聞こえてきたのです。

「わが国は開闢《かいびゃく》（建国）より以来、君臣《くんしん》定まりぬ、臣《しん》を以て君《きみ》となすこと未だこれあらざるなり。天つ日嗣《ひつぎ》（天皇）は必ず皇儲《こうちょ》（天皇の血筋、血統）を立てよ。無道《むどう》の人（皇位を狙う非道の人・道鏡）はよろしく早く掃《はら》い除《のぞ》くべし」

清麻呂はこのご神託を奉上し、それによって野望をくじかれた道鏡は怒り狂って清麻呂の死刑を求めたものの 天皇はこれを退《しりぞ》けられました。翌年 称徳天皇が崩御《ほうぎょ》され、光仁天皇が即位されて、道鏡は栃木県に流され一族も流罪となり、道鏡の野望は挫《くじ》かれたのです。

そして清麻呂と法均も都に戻り、清麻呂は朝廷に仕え 桓武天皇は延歴三年

（一四五四）に長岡から京都に遷都《せんと》されました。この遷都を建言したのが清麻呂で、造営大夫《だいぶ》の大役を命ぜられ才腕を奮いました。

## 菅原道真《すがわらみちざね》のまこと

都が京都、平安京に移され、五〇代から八十二代　桓武《かんむ》　平城《へいぜい》　嵯峨《さが》　淳和《じゅんな》　仁明《にんみょう》　文徳《もんとく》　清和《せいわ》　陽成《ようぜい》　光孝《こうこう》　宇多《うだ》　醍醐《だいご》　朱雀《すじゃく》　村上《むらかみ》　冷泉《れいぜい》　円融《えんゆう》　花山《かざん》　一条《いちじょう》　三条《さんじょう》　後一条《ごいちじょう》　後朱雀《ごすじゃく》　後冷泉《ごれいぜい》　後三条《ごさんじょう》　白河《しらかわ》　堀河《ほりかわ》　鳥羽《とば》　崇徳《すとく》　近衛《このえ》　後白河《ごしらかわ》　二条《にじょう》　六条《ろくじょう》　高倉《たかくら》　安徳《あんとく》　後鳥羽《ごとば》天皇の約四百年間を平安時代と呼びます。

天照大御神は、オモイ　カネの神に皇政扶翼《こうせいふよく》の神勅を下されています。「オモイ　カネの神は、前《みまえ》の事を取り持ちて、政爲《まつりごとせ》よ」――。つまり　天皇が前に立たれて政治をされるのではなく、臣下が　天皇を助けなさい、施策を提案して天皇のご判断を仰ぎなさい、と言われたのです。　天皇は権力をもたれず、御稜威《みいつ》（御威光）をもたれ、わが国を慈愛という徳で治められているのが日本の国柄です。

ですから朝廷の上から下までの官吏が私欲なく、国民のため国のために仕えれば良し、逆に官吏が　天皇の大御心を忘れ、国民の事より官吏の我欲に走っては悪い政治となります。

事実、娘が皇后として嫁《とつ》ぐ事で、皇室との関係を深めていった藤原家は　天皇がご幼少の時には摂政に座り　天皇が成人されてからは関白として納《おさ》まり、これを慣例としていきます。摂政は天皇の政治を代行し、関白は　天皇の決裁に関与する重要職で、これを藤原家一門が占めたため、国政は私的なものとなり、そうなると不当に私利をむさぼる官吏や地方豪族も増え始め、国の健康が衰《おとろ》えていきます。

憂慮された五十九代の　宇多天皇は、当時を代表する学者の菅原道真を登用して、藤原氏をおさえられようとされました。道真は承和十二年（一五〇五）、代々学問をもって朝廷に仕える家系に生れ、天性の学問の素質と共に誠実、正直、謙虚で寛大、情の深い気高い人格の持ち主で、三十三才の時文章博士《もんじょうはかせ》となっています。道真が遣唐使の廃止を建議し、寛平六年（一五五四）、遣唐使が廃止されたのは有名な話です。

人物、学識、手腕いずれも格段に秀れた道真をねたむ藤原時平は仲間と共謀《きょうぼう》して道真が六十代の　醍醐天皇を廃位せんとする陰謀《いんぼう》を企てていると上奏しました。悲しいことに十七才の天皇はこれを信じられ、道真を福岡太宰府《だざいふ》次官に左遷《させん》させることになりました。何より梅を愛していた道真が、私塾を主宰した自宅は紅梅殿と呼ばれ、ここを去る時に次の歌を残しています。歌の始めの「東風《こち》」とは、春に東から吹く風のことです。

東風《こち》吹かば　匂ひおこせよ　梅の花　主《あるじ》なしとて春を忘るな

大宰府では若き　天皇のおそばに忠義の臣がいない事を道真はいたわしく思われ、ひたすら朝廷、国家のゆくすえに心を痛めていたのです。

去年の今夜　清涼《せいりょう》に侍《じ》す
秋思《しゅうし》の詩篇　独《ひと》り腸《はらわた》を断《た》つ
恩賜《おんし》の御衣《ぎょい》　今此《ここ》に在り
捧げ持ちて毎日　余香《よこう》を拝す

道真は一年前の九月十日、清涼殿において　天皇より「秋思」というお題を頂き作詩した時、見事な出来ばえとおほめを頂きご着衣を賜った。その御衣を片時も離さず毎日押しいただき　醍醐天皇のご恩恵に感謝している、と歌っています。恨《うら》みがましい気持ちは微塵《みじん》もなく、まだ年若い天皇をいとおしく思う忠誠の至情にあふれています。二年後、この地でなくなった道真に　醍醐天皇は二十年後、右大臣と正二位を与えられ名誉を回復されました。さらに四十三年後、京都に北野天満宮が建てられて今も学問の神様として慕《した》われています。まことの道を歩んだ道真の一首です。

心だに　まことの道に　かなひなば　祈らずとても　神やまもらん

## 万葉集の感性

話は遡《さかのぼ》りますが六九四年、都を天《あま》の香具山《かぐやま》、畝傍山《うねびやま》、耳成山《みみなしやま》の大和三山に囲まれた藤原宮に遷《うつ》された持統天皇は、初夏の天の香具山を歌われています。

春過ぎて　夏来《きた》るらし　白栲《しろたへ》の　衣干《ころもほ》したり　天《あま》の香具山

歌の意味は、春が過ぎて夏が来るらしい。真っ白な衣が干してあるから、天の香具山に、というものです。透きとおるような若葉の緑、突きぬけるように澄みきった空の青、そこに目に刺しこむ衣の白、さわやかに風も流れて、まるで一枚の絵を見ているように初夏の風情にひきこまれる一首です。

持統天皇の孫、軽皇子《かるのみこ》が、藤原宮の東方の安騎《あき》の野で狩をされた時、柿本人麻呂は次の一首を詠んでいます。

東《ひむがし》の　野《の》にはかぎろひ　立つ見えて　かへり見すれば　月かたぶきぬ

冬の朝、荒野《あらの》の東方に茜色《あかねいろ》の曙光《しょうこう》がさし、振り返ると西の空には残月が傾いておぼろげに見える、という歌です。冬の荒野にいて、天空の東の果てに曙《あけぼの》を、西の果てに沈みこんでいく月を見る、雄大な景色を詠んでいます。

三十四代　舒明天皇の時代から、四十六代　孝謙天皇にかけて、約百三十年間の歌が収められた万葉集。作者も　天皇から庶民まで幅広く、四千五百四十首もの歌が収められています。

子供や家族を思う歌を残したのは山上憶良《やまのうえのおくら》です。

銀《しろがね》も　金《くがね》も玉《たま》も　何《なに》せむに　まされる宝　子にしかめやも

銀も金も宝玉も何になろう、そんなものよりも子供以上の宝物はない。

このような歌を含め、今から一二五〇年程前の万葉集に詠まれた人々の人情、感性には共感できるところが多くて、人の情というものは昔も今も変わっていないようです。

## 日本文化の隆盛

道真の建議で寛平《かんぴょう》六年（一五五四）、遣唐使は廃止され、皇紀一五六七年には中国では唐が滅び、戦乱の世を経て皇紀一六二〇年に宋が治めています。わが国は宋とは国交をもたず、日本の風土や生活に合った文化が醸《かも》し出されていきます。

先ず漢字の偏《へん》や旁《つくり》から片仮名を創り、草書体から平仮名を創りました。万葉集で

宇良宇良爾《うらうらに》　照流春日爾《てれるはるひに》　比婆理安我里情悲毛《ひばりあがりこころかなしも》　比登里志《ひとりし》　於母倍婆《おもえば》

大伴家持《おおとものやかもち》

うららかに照る春の空にヒバリがさえずっても、悲しく感じられる。一人きりで思いなやんでいると。

という歌を天平勝宝五年（一四一三）には漢字で読ませていました。それが平仮名が生れることによって、延喜五年（一五六五）ごろ紀貫之《きのつらゆき》らが編んだ「古今和歌集」では、

久方《ひさかた》の　ひかりのどけき　春の日に　しづ心なく花のちるらむ　紀友則《きのとものり》

という様に、読み書きしやすくなり、日本人特有の微妙な感情の表現もしやすくなって、和歌や物語が沢山生れました。

かぐや姫で知られる「竹取物語」、歌物語の「伊勢物語」、中期にはいると紫式部《むらさきしきぶ》の「源氏物語」が創作されています。

「源氏物語」は、当時の宮廷や貴族の生活を克明に描いた全五十四巻にもおよぶ世界最古の長編小説で翻訳されて世界中で読まれています。

「春は、曙《あけぼの》。やうやう白くなりゆく、山際《やまぎわ》すこし明《あ》かりて、紫立《むらさきだ》ちたる雲の細くたなびきたる」と王朝の四季絵巻をひもといた清少納言《せいしょうなごん》の随筆集「枕草子《まくらのそうし》」、紀貫之《きのつらゆき》の紀行文の名作「土佐日記」などの名作も生れています。

また、古今和歌集は平安時代の始めから約百年間、二十巻に約千五百首の歌が収められています。古今和歌集はその序文で、和歌について次の様に書いています。

和歌は、人の心が種となり、その種から生れた沢山の言《こと》の葉《は》である。生きていればいろんな事があって、心に思うことも多いが、その真理や感情を見るもの聞くものに託して言い表わしたのが歌である。梅の花に鳴いている鶯《うぐいす》、清らかな水に住む河鹿《かじか》のたのしげな声を聞くと、生きとし生けるもの、歌をよまないものがあろうか。すべての生きものは歌を詠んでいるのである。

江戸時代中期、臨済宗の僧、白隠《はくいん》禅師は、秋の夕、コオロギの鳴き声で、法華経《ほけきょう》の極意、教えを悟《さと》ったと言います。コオロギに、法華経の種がある、道を極めた禅師ならではの境地でしょう。

平安時代の仏教はその初期、最澄が比叡山に延暦寺をひらき、日本独特の天台宗を、空海が高野山、金剛峰寺で真言宗をひらいています。

平安中期になると、「阿弥陀仏《あみだぶつ》」と唱えるだけで、誰でも浄土に往生できると説いた法然《ほうねん》の浄土宗が広まり、阿弥陀聖《ひじり》と仰がれた空也《くうや》は、諸国をめぐって念仏をすすめています。

空也《くうや》が「南無阿弥陀仏《なむあみだぶつ》」と唱えると、その一語一語が仏の姿となって口から出てきた、という伝説があります。

## 武家の抬頭と没落

ところで、藤原氏が摂関政治で一族の栄華《えいが》を極めている頃　桓武《かんむ》天皇を祖とする桓武平氏　清和天皇を祖とする清和源氏などの武士団が次第にその勢力を伸ばしています。

大寺院も自衛のため僧兵を組織し、なかでも奈良の興福寺と比叡山延暦寺の僧兵は強力で、延暦寺の僧兵は日吉《ひよし》大社の神輿《しんよ》（みこし）をかついで、朝廷に強訴することもしばしばあり、軍隊をもたない朝廷は源氏や平氏の武力に頼るようになりました。

また、皇位継承も、藤原家と共に源氏や平氏も加担して争いとなり、保元元年（一八一六）の保元《ほげん》の乱、平治《へいじ》元年（一八一九）の平治の乱では、平清盛が源義朝《よしとも》を破り、勢力を伸ばし仁安《にんあん》二年（一八二七）、武士としてはじめて太政大臣《だじょうだいじん》となり、一族の多くも朝廷の要職についています。

清盛は、娘の徳子が　高倉天皇の第一皇子として生んだ二歳の安徳天皇を皇位につけました。

これは皇統を私するものだとして、後白河上皇の皇子、以仁王《もちひとおう》が反発し平氏の討伐を呼びかけられた。

源義朝《よしとも》の子、頼朝《よりとも》は弟の義経《よしつね》を派遣し、ついに文治《ぶんじ》元年（一八四五）、壇ノ浦で平家は滅び、平家の世はわずか十八年で終っています。

摂関政治の藤原氏は、一四〇年後には源氏に政治をあけ渡し、史上初の源氏幕府は、二度にわたる元の大軍の襲来もあって一四一年後には滅亡、次の室町幕府も、何の施策も打ち出せないまま百四十年後には失墜、その後の日本を百年間にわたる戦国の世に至らしめました。

すなわち、藤原氏の摂関政治のあと、平家の時代も短命に終り、建久三年（一一八五二）、源頼朝が開いた鎌倉幕府も三代目の実朝《さねとも》が暗殺されてからは、頼朝の妻、政子の生家の北条氏が実権を握ります。その後の足利氏の室町幕府も迷走して戦乱の世を迎えたのです。

鎌倉時代から豊臣秀吉が太政大臣に任じられるまでの三百九十年間、天皇は八十三代から百六代　土御門《つちみかど》　順徳《じゅんとく》　仲恭《ちゅうきょう》　後堀河《ごほりかわ》　四条《しじょう》　後嵯峨《ごさが》　後深草《ごふかくさ》　亀山《かめやま》　後宇多《ごうだ》　伏見《ふしみ》　後伏見《ごふしみ》　後二条《ごにじょう》　花園《はなぞの》　後醍醐《ごだいご》　後村上《ごむらかみ》　長慶《ちょうけい》　後亀山《ごかめやま》　後小松《ごこまつ》　称光《しょうこう》　後花園《ごはなぞの》　後土御門《ごつちみかど》　後柏原《ごかしわら》　後奈良《ごなら》　正親町《おおぎまち》天皇へと続きます。

## 亡くなれば全て仏

十三世紀のはじめ、アジアから東ヨーロッパまで大帝国を建てたチンギス・ハン、その孫のフビライは現在の北京を都とし、国号を元《げん》として、朝鮮半島の高麗を制圧します。そして文永五年（一九二八）、高麗の使いを先導にして、東方で独立を保っている日本征服を企て服属するよう幕府に使者を送ってきました。

執権の北条時宗はこの時十七才、元の申し出は日本の屈辱《くつじょく》であり、使者を無礼者と斬《き》り捨てたのです。

怒ったフビライは、文永十一年（一二三四）、約四万の兵と九〇〇隻の船で来襲。対島、壱岐を占領し、住民を虐殺し、むごいことに日本側が反撃できないよう婦女の手首に針金を貫き通して縛り、船首に吊《つ》るしたという。

博多に上陸した元軍は太鼓やドラを打ち鳴らし、毒矢と「てつはう」という爆発物を使った集団戦法で攻め、これに対して、「われこそは、肥後の國の住人……」と名乗りを上げる一騎駈《いっきがけ》の日本の武士の戦法は苦戦をします。一旦は大宰府まで後退したものの、元軍の被害も大きく船に戻ったところ暴風雨が吹きあれ、元軍は総退却しました。

翌年、フビライは使者を送ってきましたが、幕府はこれはスパイ行為と見てとって斬り捨て独立国、日本の意志を毅然《きぜん》として示しました。

文永八年（一九三一）九月二十一日　亀山上皇は福岡の筥崎宮《はこざき》に三十七枚の「敵国降伏」の宸筆《しんぴつ》（上皇の直筆）を奉納され、伊勢神宮へは「わが身にかえて国難を救いたい」旨の宸筆の祈願文を奉《たてまつ》られました。

伊勢神宮の神前で神官による祈願が始まった時、神宮からは煙のようなものが立ちのぼり、西の方の空に流れていった、と伝えられています。

幕府が警護を固めていた七年後の弘安四年（一九四二）、今度は高麗の兵も加え十四万もの兵が朝鮮半島経由と中国本土から海路の二手にわかれ、四四〇〇隻で九州北部に迫ってきました。

日本側は博多湾内に築いた石の堤防で上陸を阻《はば》み、夜は闇《やみ》にまぎれて敵船に乗りつけ攻めたあげく、船に火をつけて引き上げる作戦も打ちます。

そこに再び暴風雨が襲い、元軍は軍勢の四分の三を失って敗走しました。文永、弘安の二度にわたる元の襲来を元寇《げんこう》といいます。

福岡県、東区志賀町には元寇で戦死した元軍の死者を弔う蒙古軍供養塔があります。日本人を殺害し、日本を征服したかも知れない元軍の死者であっても、亡くなれば全て仏として供養する、これが日本の心です。

## 幕府の横暴

平安末期から鎌倉初期にかけて在位された　後鳥羽天皇は退位された後も上皇として政治を見られ、宮中の制度や儀式の書、「世俗浅深秘抄《せぞくせんしんひしょう》」を始め多数の著書を出されたほか、「新古今和歌集」も編集されました。

ところが、圧倒的な武力を誇る北条氏は、朝廷を圧迫します。

これに対して　後鳥羽上皇は北条氏の横暴を抑えようとされました。

朝臣たちはいまの武力から考えて　天皇側に勝ち目はない、とお諌《いさ》めしましたが承久三年（一八八二）　後鳥羽上皇は北条義時追討《ついとう》の院宣《いんぜん》を発せられた。

これが承久の変で、十九万の大軍の前に朝廷は負けてしまい、北條氏は　天皇の首を斬ろうとしたのです。

この時　天皇を守るために首謀者は私ですと、五人の朝臣が申し出て捕《と》らえられ、五人は、鎌倉に連行される途中の御殿場で斬首《ざんしゅ》されています。

事変後、幕府は　仲恭天皇を廃して　後堀河天皇を立て　後鳥羽上皇を隠岐に　順徳上皇を佐渡に配流し、土御門《つちみかど》上皇は土佐に移られました。

京都栂尾《とがのお》高山寺の僧明恵《みょうえ》は、朝廷の敗兵を寺にかくまった罪で幕府に捕えられたものの、明恵は「敗者をかくまうことが悪いのなら、ここで自分の首をはねよ」とひるまず、さらに指令官の北条泰時に次のように語ったという。

わが国は神代《かみよ》より天皇の治《おさ》めたまうところ　天皇の命令に反対すべきでない。しかるに武力で都が占領され、上皇を島にお移しするなどの処分があって、人々は嘆き悲しんでいる。

## 足利高氏の野望と反逆

廷臣で学問にも深い北畠親房《きたばたけちかふさ》は、「神皇正統記《じんのうしょうとうき》」を著し、この中に次の名文があります。

大日本《だいにっぽん》は神國《しんこく》なり。天祖《てんそ》始めて基《もとい》を開き、日神《ひのかみ》長く統《とう》を傳《つた》へ給《たま》ふ。我國のみ此《この》事あり。異朝《いちょう》（他《た》の国《くに》）には其類《そのたぐい》（そのような歴史事実）無し。

三上皇の配流という日本の歴史始まって以来の暴挙に出た幕府は、「神皇正統記」の意味するところを全く理解していません。

後醍醐天皇は北畠親房、日野資朝《すけとも》らの人材を登用し、政治の刷新と皇室に敵対する幕府を討つ計画を進められました。二度にわたる計画は失敗に終り、天皇は都を逃《のが》れ、山城の笠置山《かさぎやま》に遷《うつ》られます。

この時、木と南を示す夢をみられ、「楠木氏が朕《ちん》を救わんとするか」と判断され、河内金剛山の麓《ふもと》に住む楠木正成《まさしげ》をお呼びになったのです。

元弘元年（一九九二）九月、直ちに　天皇の下に参じた楠木正成は、天皇に「正成一人なおこの世に生き残って在《あ》ると聞《きこ》し召《め》さば、陛下のご宿願《しゅくがん》が成就される事を信じて戴《いただ》きたいと存じます」

と自信をもってお答えしたのです。

しかし、この月　天皇は幕府軍に捕えられ、隠岐に流されています。

正成の軍はわずか五百騎　天皇のみ裾《すそ》をお清めするという意味の菊水の旗を押し立て赤坂城、千早城を舞台に二十万七千六百余騎の幕府軍を敵にまわして、勤皇《きんのう》の狼煙《のろし》をあげます。

城壁をよじ登る敵に岩や大木を落したり、上から油をかけ松明《たいまつ》で焼き払うなど頭脳作戦で防戦し、勤皇の武士の決起を促《うなが》します。

このとき決起したのはわずか百五十騎で鎮西探題《ちんぜいたんだい》（幕府の九州の拠点）の北条英時を攻め入り討死にした菊地武時《たけとき》らです。

多勢をもって苦戦している幕府の威信は落ち、元弘三年（一九九三）二月　後醍醐天皇が隠岐を脱出され、伯耆國《ほうきのくに》（鳥取県）の名和長年《なわながとし》に迎えられると形勢は一変します。

足利高氏《たかうじ》は幕府側であったが、北条氏から政権を奪いとる野心があり、幕府の朝廷管理機関であった京都の六波羅探題《ろくはらたんだい》を五月七日に攻略。新田義貞《にったよしさだ》も鎌倉を五月二十二日におとしいれ、鎌倉幕府は、ついに滅亡しました。

後醍醐天皇は京都にもどられ、年号を建武と改め、理想の朝廷政治を志された　天皇の大御心《おおみごころ》を次の二首で知ることができます。

世治《おさ》まり　民安《たみやす》かれと　祈るこそ　わが身《み》につきぬ　おもひなりけれ

朕（天皇）不徳あらば　天（天の神）予《よ》（天皇）一人を罪すべし
黎民《れいみん》（国民）何の咎《とが》（罪）ありてか　この災《わざわい》にあう

ところが武家政治を再興し、その実権を握ろうと野心を燃やす足利高氏は　後醍醐天皇の皇子、護良《もりなが》親王を鎌倉に幽閉《ゆうへい》し、建武二年（一九九五）七月、高氏の弟の直義《ただよし》によって親王は弑《しい》されています。

この十月、高氏は鎌倉に入って朝廷に反旗をひるがえしたため、朝廷は高氏追討のため新田義貞を遣《つか》わしたものの高氏を征伐できず、高氏は京都に攻めのぼったのです。

官軍は東北から北畠顕家《あきいえ》五万の加勢もあってこれを防ぎ、高氏は一旦九州へと逃《のが》れ態勢をたてなおし、弟の直義と共に海陸両方から兵庫に攻める作戦をとります。

## 桜井の訣別《わかれ》と七生報國の誓い

これに対し正成は、朝廷に足利軍を京に入れ兵糧攻《ひょうろうぜ》め（＝食料補給の道を絶って、敵を弱らせる攻め方）にして一挙に攻める戦術を進言しますが聞き入れられません。結果、正成は兵庫で高氏を迎え撃つこととなり、ここに正成は討ち死にを覚悟しました。

そして正成は三千八百余の兵を率《ひき》い京都と大阪の境の島本町、桜井の驛《えき》に進み、正成は五百、弟正季《まさすえ》は二百、合計七百騎の決死隊を編成します。

あとの三千百余の兵は十一才の息子、正行《まさつら》につけ金剛山に帰します。これが桜井の訣別《わかれ》です。正成は正行に　後醍醐天皇に最後まで忠義を尽すよう涙を拭《ぬぐ》って遺言しています。

今生《こんじょう》にて汝《いまし》が顔を見んこと、これを限りと思ふなり。正成已《すで》に死すと聞きなば、天下は必ず高氏の代《よ》に成りぬと心得べし。されど命が助かりたいばかりに、長年の帝《みかど》のご恩を忘れ、敵に降伏する事あるべからず。金剛山の辺《へ》に引籠《ひきこも》って、敵寄来《よりきた》らば、帝への忠義を尽《つく》し、命を捨てて正しいと信じた志のために戦い抜け！

是《これ》ぞ汝《いまし》が第一の孝行ならんと心得よ。

正成は潔《いさぎよ》く湊川に討死《うちじ》にし、もって義を千年に留《とど》めたい。もし後世にわが義に感じて勤皇の志士輩出《はいしゅつ》し、完全に王政に復古する時が来たらば、その時こそ初めて正成の霊魂の慰められる時である。

正成も正行も、その場にいたもの全員が涙を流し、そして親子は東と西に別れたのです。

延元元年（一九九六）五月、数万の足利軍の大軍が海路から神戸、湊川に攻めてきます。官軍は新田義貞《よしさだ》が和田岬に陣を張り、陸路の直義には正成が七百余騎で会下山《えげやま》に陣を張って迎え討ちます。

午前十時、両軍から「えいえい」「おう」の鬨《とき》の声が上り、激突は十六度、正成《まさしげ》と正季《まさすえ》は七度会い、七度別れ、奮迅《ふんじん》決死の戦も西の空が夕日で赤く染まる頃、楠木軍は七十三名にまで減っていました。

最後は差し違える約束をしていた正成と正季はお互い向い合い、正成が正季をじっと見つめて言った。

「正季……人間は死ぬ前の最後の一念が大事だという……今、お前は何を思っている……」正季は、カラカラと笑って答えました。

「兄者、わしの今の願いはな……七回までも、ただ同じ人間に生れ変って、朝敵（天皇の敵）を滅ぼしたいことじゃ！」

その言葉に正成も心から嬉《うれ》しそうになって
「人を滅ぼすという事は、神仏の道からすると罪の深い悪念なれど、わしも全く一緒じゃ。」正成と正季は、がっしりと腕を組み合い、

「正季……さらばじゃ。それぞれ七度まで生れ変って、その志を貫こうぞ……！」

兄弟は共に差し違えて、同じ枕に伏したのです。正成四十三才でした。正成兄弟が最

後に残した誓いは後に「七生報國《しちしょうほうこく》」と呼ばれ、今日まで語り継がれています。

## 室町幕府から戦国大名の世に

源氏の子孫であり、北条氏と血縁関係にあった足利高氏が、北条氏を裏切って京都の六波羅軍を打ち破り、その二年後には今度は朝廷に反旗をひるがえし、京都に攻めのぼったのです。

己の権勢欲のためには手段を選ばず　天皇の皇位継承にも介入した高氏は延元三年（一九九九）、征夷大将軍の名を取りつけ室町幕府を開いたものの、足利氏にはまともな施策は何もありません。

わずか十年後には高氏の弟、直義と高氏の執事、高師直《こうのもろなお》が武力衝突し幕府は分裂しています。

さらにその十七年後、応仁《おうにん》元年（二一二七）には、幕府内部のもめ事から全国の武士が細川勝元《かつもと》の東軍と山名持豊《やまなもちとよ》の西軍に分れ、京都を主な戦場として十一年にもわたる戦い・応仁《おうにん》の乱が続きました。

応仁の乱で国内は疲弊《ひへい》し幕府の命脈《めいみゃく》は尽きています。

このあと百年あまりは戦いで獲得した領土を、上杉謙信、武田信玄、今川義元、織田信長、毛利元就《もとなり》らの戦国大名が治める世となりました。

京都、室町の幕府に力なく、戦国大名は自らの力で領土をまとめ、軍備を整え、経済の活性に力をいれました。こうして城下町を中心として町も整備され、宿駅や伝馬《てんま》など交通制度も整い、商業活動も活発になったのです。

今の上越市の上杉謙信の領地には、城下に一万戸があり、五〜六万の人口を数えたといいます。

堺、博多などは豪商の会議によって都市が運営される自治都市となり、応仁の乱で大半が焼け野原となって荒れはてた京都では、町衆とよばれる裕福な商工業者が自立し、町の復興にのりだしています。

御所も狐《きつね》や梟《ふくろう》のすみかとなり、雑草が繁っていたので町衆は御所の復旧や警備、草ひきや清掃の奉仕をしています。こうして乱が終って二十二年目の明応九年（一一六〇）には、祇園祭《ぎおんまつり》の復興にこぎつけたのです。

乱によって皇室御料地《ごりょうち》や公家の領地の多くが奪《うば》いとられ、朝廷も困窮し、着る装束がなく朝廷の儀式に出席できない公家もいました。

乱のあと崩御《ほうぎょ》された　後土御門天皇の大葬も、四十三日後にようやく執《と》り行われる状態で、皇位を継がれた　後柏原天皇の即位の礼の費用も集まらず、二十二年目にようやく即位礼を挙《あ》げる事ができた、そんな時代でした。

次の　後奈良天皇の即位礼も、大内、北条、今川、朝倉氏ら地方豪族の献金によって十年目に挙行されています。

天文《てんぶん》九年六月、諸国に洪水、凶作があり、疫病も流行したため、その終息《しゅうそく》を祈願して、百五代の　後奈良天皇は自ら「般若心経《はんにゃしんぎょう》」を写経され、全国二十五ヶ国の一《いち》の宮《みや》に奉納されました。

この写経の末尾に、「今《こ》の度《たび》の天下の大病で万民は死亡したり苦しんでいる。民の父母である朕《ちん》の徳が至らないためである。極めて心を病む」と記されています。

お食事すら不自由な状態にあっても、なお天皇としての深い自覚を示されているのです。　天皇ご宸筆《しんぴつ》（直筆）の、この「般若心経」は阿波、伊豆など七ヶ国に贈られた分が現存しています。

## 歴史が育てた日本の文化

鎌倉時代は、さらに仏教の日本化が進み、人々の心に根をおろしていきました。法然の弟子の親鸞《しんらん》は師の教えをさらに徹底させ、往生《おうじょう》するには何の条件もいらないとして、浄土真宗を、日蓮《にちれん》は南無妙法蓮華経《なむみょうほうれんげきょう》のお題目を唱えることを説いて日蓮宗を開いています。

栄西《えいさい》は宗に渡って禅宗を学び、坐禅《ざぜん》によって自力で悟りをひらこうとする臨済宗《りんざいしゅう》を、栄西に禅を学んだ道元も宋に渡り、曹洞禅《そうどうぜん》を学び、名誉や利益を求める心こそが修業の妨《さまた》げであるとして、ひたすら坐禅に徹することで悟りをひらこうとする曹洞宗を開いています。

文学でも沢山の著作が生まれ　後鳥羽上皇が藤原定家《さだいえ》、藤原家隆《いえたか》らと共に勅撰の「新古今和歌集」を編集し、また、諸国を流浪《るろう》し僧侶でも仙人でもない人生を送った西行《さいぎょう》は、自然を題材にした約千五百七十首の歌集「山家《さんか》集」を残しています。

志賀の浦や　遠ざかりゆく　波間より　凍《こほ》りて出《い》づる　有明《ありあけ》の月　藤原家隆

心なき　身にもあはれは　知られけり　鴫《しぎ》立つ沢の　秋の夕暮　西行

何ごとの　おはしますかは　知らねども　かたじけなさに　涙こぼるる　西行

三首目は興味深い歌です。西行が伊勢の神宮に参拝した時、神宮に足を踏みいれると、何かはわからないけれど、ありがたくて自然に涙がこぼれた、というそのままを歌にしています。

足利幕府で政治は混乱していたものの、日本らしい文化が次々に生れています。書院造から生れた床の間、違い棚、畳の間、天龍寺、西芳寺（苔寺）の回遊式庭園と龍安寺、大徳寺大仙院の石庭（枯山水）、茶道、懐石料理、華道、水墨画、能楽、狂言、「一寸法師」や「浦島太郎」の御伽草子《おとぎぞうし》、神楽《かぐら》、獅子舞、小唄、盆踊りなど、どれも太古から積み上げてきた歴史が創ったと言うべき日本の文化であり、今日にまで生き続いてきて、私達の生活に根をはっています。

## 秀吉が立つ

天文十二年（二二〇三）、シャム（現在のタイ）からポルトガル人を乗せた中国の海賊船が鹿児島県の種ヶ島に漂着し、この時に鉄砲が日本に伝えられました。

そして大阪の堺など刀鍛冶《かたなかじ》によって鉄砲の生産が始まって、新兵器として普及し、弓や槍というそれまでの合戦の形を大きく変え、結果全国統一を早めました。

すなわち足軽鉄砲隊を主力とした機動部隊を組織した尾張《おわり》の織田信長は、永禄三年（二二二〇）、桶狭間《おけはざま》の戦で今川義元《よしもと》を、永禄十年（二二二七）には美濃《みの》の斎藤氏を、元亀元年（二二三〇）、姉川の戦で近江の浅井長政《ながまさ》と越前の朝倉義景《よしかげ》の連合軍を、天正三年（二二三五）、三河《みかわ》の長篠《ながしの》の戦で武田勝頼《かつより》をそれぞれ破り、近江に五層七重の天守閣の安土城《あづちじょう》を築き、天下統一の拠点とします。

ところが信長は天正十年（二二四二）、備中《びっちゅう》で毛利輝元《てるもと》と戦っている羽柴《はしば》（のち豊臣）秀吉の援軍に向う途中、家臣の明智光秀《あけちみつひで》の反乱によって京都の本能寺で自害して果てました。

この信長の統一事業を継いだのは豊臣秀吉で、本能寺の変を知ると毛利氏と和をむすび、軍を引き返して京都西南の山崎の戦で明智光秀を倒しています。

この時秀吉四十七才、その後の八年間で各地の武将と和睦《わぼく》し又は倒して天下を統一し、天正十一年（二二四三）、大阪城の築城に至ります。

秀吉は十七年間をかけて田畑の太閤検地《たいこうけんち》を行い、租税の基礎を固めて経済を安定させ、また、当時は僧侶及び農民が一向一揆《いっこういっき》などで政治に介入していたのを防ぐため刀狩令を出して政治の安定を計りました。

さらに秀吉は皇室を敬《うやま》い、応仁の乱以後荒れていた皇居を修理し、宮中祭式の復興にも尽力し、皇室へ御領地を献上しています。

天正十五年（二二四七）、京都に完成した城郭風の邸宅、聚楽第《じゅらくだい》に、第百七代、後陽成《ごようぜい》天皇の行幸《ぎょうこう》を仰ぎ、銀五千五百三十両余りが朝廷に献上され、列席の諸大名と共に子々孫々《ししそんそん》に至るまで尊皇の精神に揺《ゆ》るぎないことを天皇の御前で誓いました。

## ■ コラム　敵に塩を送る

後奈良天皇が疫病封じの写経をされている頃、越後の上杉謙信と甲斐《かい》、信濃《しなの》の武田信玄は五回にわたり川中島で合戦した。

戦いの最中、信玄が駿河《するが》の今川義元との同盟を破棄した事で義元は信玄が東海地方に進出してくると判断。伊豆、相模《さがみ》の北条氏康《うじやす》と結んで信玄の領地への塩の搬入を絶つ作戦をとった。

米と水と共に塩がなければ生きていけない。

これを聞いた謙信は「争うべきは武道にあり、米、塩にあらず。今川、北条氏は卑怯《ひきょう》である、私は信玄と正面から正々堂々と戦って決着をつけようと思っているので、糸魚川《いといがわ》浜塩を送る。」と約束して信玄に大量の塩を送った。

永禄四(一五六一)年の第四回目の合戦では謙信の一万三千、信玄の二万の兵による最も激しい戦いとなった。

結局、合戦では勝負がつかず「敵に塩を送る」と言う有名な逸話を残して、両雄はそれから十年程後に共に病死している。

## ポルトガルとスペイン、地球を二分割支配

謙信と信玄が川中島の合戦を始める六十年程前に、ポルトガルとスペインはこの二ヶ国で地球を二分割して統治するという、とんでもない取り決めをしています。

つまり、皇紀二一五七年、ポルトガル国王に命じられたヴァスコ・ダ・ガマはリスボンを出航、アフリカ南端の喜望峰を廻ってインドの西岸カリカットに到着し、その航海で到達した全ての陸地を永久に領土とする許可をカトリックの本山であるローマ教皇庁が与えています。

皇紀二一五二年、スペイン女王イサベルの援助を得たイタリアの航海者、コロンブスはスペインのパロスを出航し、西インド諸島、キューバ、ハイチに、そしてその後に中部アメリカ、南アメリカ北部に上陸しています。

ポルトガルの探検家、マゼランはスペイン国王カルロスの承諾を取りつけ、皇紀二一七九年、大西洋を西に進み南アメリカの南端、マゼラン海峡を通って太平洋に入り、フィリピン諸島に到達しました。

皇紀二一八一年、マゼランはフィリピンで原住民に殺されたものの、スペイン国王も

コロンブス、マゼランの到達地の領有許可をローマ教皇庁から取り付けています。ドイツのルターらはキリスト教（カトリック）に対し、宗教改革で新しい教えを広めこれに従った人々はプロテスタントと呼ばれています。これに対しローマ教皇を中心とするカトリックは巻き返しをはかり、アジアへのキリスト教の布教と侵略を始めました。

そして皇紀二一五四年六月七日、ポルトガルとスペイン両国はトルデシリアス条約を結び、ブラジル東部から北極、北極から日本の四国と南極を結ぶ線を延長して地球を二つに分け、つまりまんじゅうを二つに分けるように地球を分割して、この線の西半分は全てスペイン領土、東半分は全てポルトガル領土としたのです。

そして皇紀二一八一年には中南米のインディオのアステカ帝国がコルテスの率いるスペイン軍にほろぼされ、南米の高度な文化をもったインカ帝国も、スペイン人ピサロによって皇紀二一九二年にほろぼされました。

ブラジルに進入したポルトガルは、領土としたアフリカから大量の奴隷を送りこんで過酷な労働をさせ、ブラジルを世界最大のサトウキビ畑にして利益を独占しています。

当時の地図はまだ確かなものはなく、ポルトガル領インドを東インドとし、コロンブスがインドだと思いこんだカリブ海のサン・サルバドル島を西インドとしていました。

それから百年程の後、両国は日本を自国の植民地にするため、日本はどちらのインドに属しているか激しい論争をしています。この時、日本は豊臣秀吉が太政大臣です。

## 難波の事もゆめのまたゆめ

最初に来日した宣教師は、スペイン人のフランシスコ・ザビエル、川中島の合戦が始まる四年前、天文十八年（二二〇九）の事で、鹿児島に上陸しています。その後の多くの宣教師がやってきて病院や孤児院をつくって人々の心をとらえ、大名の中にも洗礼を受ける者が出ました。

秀吉の頃になるとキリシタン大名が教会に土地を寄進したり、キリスト信者によって神社や寺院が焼き払われ、ポルトガル商人が日本人を奴隷として輸出するという事態になったため、秀吉は天正十五年（二二四八）、宣教師追放令を出しています。

秀吉はローマ教皇庁とポルトガル、スペインが南アメリカでしたのと同じように日本や支那を武力で征服してくる、と見ていました。つまり、ポルトガルでは異教徒に対する正統な戦争を次のように定めていたのです。

救世主は未信徒をカトリックに改宗させ、霊魂の救済を行うよう命じ、自己の利害をかえりみない宣教師を派遣したので、彼らは海外の布教地で優遇を受ける利権がある。彼らの言に耳を傾けなかったり、彼らを迫害した者に対する戦争は正当である。

仏教徒は正しくない。その仏教徒をカトリックに改宗させる宣教師は正しい、その宣教師を迫害する野蛮な日本人を殺す事は正しい事だと勝手に決めつけていたのです。秀吉の宣教師追放令は、日本に対する正統な戦争の理由となるもので、秀吉は、スペインの頂点にいたフィリップ二世に対して、日本が一歩も引かずに対抗する旨の書状を送りつけています。

スペインはこの頃、ポルトガルを含む南ヨーロッパを手中に収め、中南米大陸を征服し、皇紀二二三一年ギリシャ中部のレパントの沖で、オスマン・トルコ軍と海戦して勝利を収めイスラム世界も打倒しており、フィリピンのマニラを基地としてアジアを征服する勢いがありました。

スペインのアルマダと呼ばれた無敵艦隊が皇紀二二四八年、イギリス海軍に破れ、戦力が低下したという情報は秀吉に届いていません。そのスペインが、国力が衰退しつつあった支那の明を植民地にして日本に侵攻してくる、と判断した秀吉は明にスペインに対抗できる強力な軍隊を送る事が必要だと考えていました。

三百年前、朝鮮半島と海路から日本を攻めてきた元の軍に対する同じ脅威をスペインに対してもっていたのです。

そして、朝鮮の李王朝に明への道案内を依頼したものの交渉は不調に終り文禄元年（二二五二）、朝鮮を経由して明への遠征軍、十五万余を送ったものの戦況は不利に終り慶長二年（二二五七）、再び大軍を派遣するも苦戦し、翌年に秀吉が病死したため明への派兵を撤退しています。

そして、皇紀二二五八年九月十三日、フィリップ二世もエスコリアール宮殿で薨《こう》じ、秀吉も同年九月十八日、伏見城で薨去《こうきょ》し、対決の歴史に幕が降ります。六十三才、秀吉辞世の歌は

つゆとおち　つゆときえにし　わがみかな
　難波《なにわ》の事も　ゆめのまたゆめ

# 第四章　幕府、国政を朝廷に還《かえ》す

## 徳川幕府の基盤固め

豊臣秀吉が薨去《こうきょ》して二年後、慶長五年（一六〇〇）、石田三成《みつなり》、小西行長《ゆきなが》らは美濃の関ヶ原の戦で徳川家康軍に敗れ、三成、行長は斬首《ざんしゅ》されました。慶長八年（一六〇三）、家康は征夷大将軍に任じられて江戸幕府をひらきます。百七代から百二十二代　後陽成《ごようぜい》　後水尾《ごみずのお》　明正《めいしょう》　後光明《ごこうみょう》　後西《ごさい》　霊元《れいげん》　東山《ひがしやま》　中御門《なかみかど》　桜町《さくらまち》　桃園《ももぞの》　後桜町《ごさくらまち》　後桃園《ごももぞの》　光格《こうかく》　仁孝《にんこう》　孝明《こうめい》天皇にかけての約二百六十年間を江戸時代と呼びます。

江戸幕府は先ず徳川一族の親藩《しんぱん》大名が江戸や主要な地域の藩主となって固め、関ヶ原以後に徳川に従った武将を外様《とざま》大名と呼び江戸から遠方の地域に置き、関ヶ原以前から徳川の家臣であった譜代《ふだい》大名は外様大名を監視する地域に配置して、幕府の守りを固めました。次に、武家諸法度《はっと》を発令し城の無断修築の禁止、大名間の婚姻の許可制などを定めて、これに違反した大名は領地の没収やお家の取りつぶしなど厳罰で処分しました。

さらに、各大名の妻子を江戸屋敷に人質として住まわせ、大名が一年毎に江戸と国元《くにもと》を往復する参勤交代《さんきんこうたい》をさせています。江戸に人質をとった上に、大名には二重の生活と大勢の家臣を従えての大名行列で多大の出費をさせ、さらに江戸城の整備や各地の土木工事を負担させて、各藩が軍備を増強する資金を抑えつけました。

財政では約四百万石の直轄領と将軍直属の軍の旗本領三百万石を保有し、佐渡の金山、但馬《たじま》の生野銀山、石見《いわみ》の大森銀山などを直営し、江戸、大阪、京都などの商人からも莫大《ばくだい》な資金を調達しています。

## 朝廷を封じこめ

徳川幕府の全国統治のよりどころは、徳川家が朝廷から与えられた征夷大将軍という称号にあります。その朝廷の領地として、家康は一万石を与え、秀忠は一万石を加え五代将軍の綱吉があと一万石を加えたものの幕府の七百万石に対し、わずか三万石にすぎません。元和元年（一六一五）に定められた禁中《きんちゅう》（宮中）並公家諸法度《ならびにくげしょはっと》では、天皇は学問や和歌に専念すべきで、任官、叙位、改元など朝廷の権限に属するものにも干渉しています。さらに　天皇の行幸《ぎょうこう》を認めず　天皇は京都御所に軟禁された状態だったのです。幕府は京都所司代《しょしだい》を置いて御所を監視し、西国大名が参勤交代のさいに京都に立寄る事さえ牽制《けんせい》しました。
もともと朝廷には、位の高い僧侶《そうりょ》に紫の衣を下賜《かし》したり、上人《しょうにん》号を与えたりする栄典授与権がありました。幕府は寛永四年（一六二七）に僧侶出世の法を出し、十二年も前の元和元年（一六一五）から既に朝廷から出されていた紫衣《しえ》勅許の取り消しを命じました。これに対して大徳寺の臨済宗の僧、沢庵《たくあん》は強く幕府に抗議したところ出羽《でわ》に配流の刑を受けています。第百八代　後水尾天皇の勅許による紫衣《しえ》は、全て幕府によって剥奪《はくだつ》されたのです。かねてより幕府の干渉を不本意とされていた　後水尾天皇は次の御製（和歌）を詠《えい》じられ譲位されています。

葦原《あしはら》や　しげらばしげれ　おのがまま　とても道ある　世とは思はず
（わ）

## 幕府の不見識

儒学、神道、仏教、國史、和学、歌学、兵学に秀でた山鹿素行《やまがそこう》は、五代将軍綱吉の貞享二年（一六八五）、病に伏し自分の死期を悟り、江戸浅草の「積徳堂」で松浦侯の家老と弟の平馬を枕元に呼び訓戒《くんかい》を述べました。

上に立つ人が、道理正しく天下に智、仁、勇を勤《つと》められず、一人我儘《わがまま》をしていては、天下が乱れるのは古今の通例であります。人の和を得て、上下一致して進む時は、何事も成就《じょうじゅ》せぬことはありません。上下不和である時は、不作、変事、損失ができるもので、全て、仁義が欠けていては、天地神明《てんちしんめい》に背《そむ》くこととなる

素行がこの訓戒を述べる十六年前、四十七才の時に著した「中朝事実《ちゅうちょうじじつ》」では、君民同治、君民共治の國体を説き、その皇統神治章に次の一文があります。

夫《そ》れ天下《てんか》の本《もと》は國家《こくか》に在《あ》り、國家《こくか》の本《もと》は民《たみ》に在《あ》り、民《たみ》の本《もと》は君《きみ》に在《あ》り

民の安寧《あんねい》を一心に祈られる　天皇の大御心《おおみごころ》と、その　天皇を国民が敬うことで成り立っている日本は、君民一体の家族国家であると素行は言っています。

江戸幕府は、その朝廷を封じ込めました。素行は、「これでは君民一体とならず、天

下が乱れるのは古今の通例だ」と訓戒を述べていたのです。

## 幕府の衰退

イギリスは皇紀二二六〇年、オランダは皇紀二二六二年に東インド会社を設立し、香料などの輸入と商圏拡大、植民地経営を進めています。イギリスとオランダはプロテスタントの国であり、カトリックの布教を国家事業とするスペイン、ポルトガルと宗教的に対立し反目《はんもく》していました。イギリス、オランダは自国の貿易の利益を守る目的もあってスペインとポルトガルが布教を名目にして日本を占領する計画を練《ね》っている、と幕府に警告しています。幕府も調査をして、慶長十七年（二二七二）、直轄領に禁教令をしき、慶長十九年（二二七四）には、棄教《ききょう》をこばんだ摂津の大名、高山右近《うこん》らキリスト教信徒約三百人をマニラとマカオに追放し、禁キリスト教策をおし進めました。

また、貿易がさかんになると商工業が発達し、農業を基盤とする社会の制度がゆらぐと判断し、また、西南諸国の外様大名が貿易の利益で強大な経済力と軍事力をもつことを恐れて、幕府の許可した商船以外の貿易を禁止しました。

このように幕府は政権の安泰を計ったのですが、明暦三年（一六五七）の明暦の大火による多額の江戸再建費用、佐渡金山の産出量の激減、貿易制限による利益の減少、将軍綱吉《つなよし》のぜいたくな生活などで、財政は悪化し、豊富にたくわえられてきた金銀は底をついていました。

そして、幕府が守ろうとした農業を基盤とした社会制度も破綻《はたん》し始めます。つまり、自給自足の生活をしていた農民には、貨幣経済が負担となりました。武士の収入の固定した米の石高《こくだか》に対し、かさむ生活費を貨幣で支払ったため、商人からの借金が増えるばかりです。諸藩も年貢米《ねんぐまい》を担保《たんぽ》として商人からの借入金に頼らざるをえなくなりました。

大阪、堂島の米市では米の保管証券の相場取引も始まり、諸藩の財政に関与する江戸の三井家、大阪の鴻池《こうのいけ》家などの大手の両替商が現れ、商人の経済支配が始まっています。

財政の建て直しを目指す綱吉が登用した荻原重秀《おぎはらしげひで》以後、田沼意次《おきつぐ》、松平定信《さだのぶ》、水野忠邦《ただくに》らの建て直し策もうまくいきません。田沼意次の頃には商人と役人の間で賄賂《わいろ》が公然として行われ、武士の道義心も地に落ちています。

## 地方を再建した二人の英傑

財政が破綻し、領地を返上するところまで追いつめられていた日本一の貧乏藩、米沢藩（現在の山形県南部）。この米沢藩の立直しに成功した上杉鷹山《ようざん》は江戸時代の名君として名高い。鷹山は十七才で藩主となり、春日神社に誓いの歌と言葉を捧《ささ》げています。

受け継ぎて　国の司《つかさ》の身となれば　忘れまじきは　民《たみ》の父母《ちちはは》

自らは一汁一菜の食事、着物は木綿、奥女中五十余人を九人に減らし大倹約を始める。長年藩士に給料の半分を上納させ苦労させてきたことはいたわしく、自ら朝夕の食事をも減らす事は下々《しもじも》に対し、藩主として天地自然の道である。願いは藩を再興し人民の幸福こそ自分の生涯かけての願いである。

鷹山の人々を何としても救済しようとする指導者としての根本姿勢と深い愛情、責任感と神願こそ為政者に最も大切な精神であるとして、アメリカの元大統領、故ケネディは鷹山のこの姿勢に心を打たれ、大統領就任にあたって「姿勢は政策に優先する」との言葉を残している。

鷹山は天明の大飢饉では緊急用の備蓄米を解放し、一人の餓死者も出していません。水利事業を進め、八百町歩の新田開発で一万石の米の増産に三十年の年月をかけています。それまでに、養蚕業が成功し米沢の絹織物は全国有数のものとなり、その収入が年貢収入と同じ四万八千両になったのが二十六年後のこと。再建が軌道に乗ったのが二十九年目、農村が安定し繁栄に向っていったのが三十八年目、莫大な借金を返済し、軍用金五千両を備蓄したのは鷹山が七十二才で逝去《せいきょ》した一年あとのことです。

五十余年間をかけて、民本主義を貫いて藩を再建した鷹山の言葉や実績を箇条書きにします。

一、「母はものを言えぬ赤ん坊が何を求めているか常にわかる。わが子に対する誠が愛と知恵を生み、赤ん坊に対してゆき届かない所がない。役人が民百姓に接するのと、母が赤ん坊に対するのと、どこが異なろうか、全く同じである」
一、「政治と道徳、人心の教化は不可分で一体のもの。経済も経済だけで成り立たず。

道徳という土なくして経済の花は咲かない」

一、生活苦の為働けなくなった老人を野山に捨てる悪習の根絶に全力を尽し、三十年かかって根絶した。九十才以上の者には生涯養老金を与え、七十才以上の者は各村で責任をもって世話をするようにした。

一、民百姓のための日用雑貨の店をおいた。店員はおかず、棒杭《ぼうぐい》に値札をつけて販売。誰一人不正を働く者がなかった。

「為《な》せば成《な》る為《な》さねば成《な》らぬ何事も、成らぬは人の為さぬなりけり」―人間愛と誠で苦難を乗り越えた鷹山の言葉です。

上杉鷹山が再建に没頭して二十年後、天明七年（二四四八）、相模《さがみ》の栢山《かやま》村（今の小田原市）に生まれ、どん底の生活から立ち上がって生涯で六百余りの村を復興した二宮金次郎（尊徳）の足跡を次に見ていきます。

## みんな一つの心なりけり

父の利右衛門は「栢山《かやま》の善人」と呼ばれ、母のよしも困った人を見ると施《ほどこ》しを与え、求められれば金を貸しては家は貧しくなります。男兄弟三人の長男であった尊徳が五才の時、酒匂川《さかわ》の洪水で家の田畑は全て石の河原となり、どん底の貧苦に陥りました。三人の子を養う父母の辛苦《しんく》は計り知れず、尊徳はこの親の恩を生涯忘れていません。

尊徳十二才の頃、無理がたたって病に倒れた父のため、作った草鞋《わらじ》を売っては毎日一合の酒を薬の代わりに父に勧めました。酒匂川の堤防の修理に、父の代わりに働きに出るも、一人前の仕事ができないため、夜に草鞋を作って現場の人々に配ります。売り物とする草鞋は夜に作り、昼は山で柴《しば》を刈って薪《たきぎ》として売りました。縄をない草鞋一足を編むのに二時間かかり、柴刈りも矢佐柴山《やさしばやま》まで片道二時間をかけています。熱心な向学心をもつ尊徳は柴刈りの道中にも本を読み、「天子より庶民に至るまで、みんな身を修むるを以《もっ》て本《もと》と為《な》す」という一文に感銘します。

尊徳十四才の時、父を亡くし、十六才には母も亡くしています。孤児となったため伯父の萬兵衛に養われます。尊徳が夜読書をしていると、灯油代がもったいないと伯父に咎《とが》められたため、尊徳は土手のそばに菜種《なたね》をまいて灯油を造って勉学しました。また、村民が捨てた苗を拾い集め空地に植えて育て、一俵の米を収穫しています。十七才の尊徳、この時、最も恵まれないと思われたわが身の上にも、天と地と人の恵みがあって、そんな徳によって生かされているという事を肌で感じ、さらに「小を積んで大と為《な》す」のが自然の道と悟るのです。

両親に似て、尊徳には天性の人への思いやりがあり、決して自分は楽ではないのに、堤防修理の人夫賃をためては、自分より恵まれない村内の極貧者に恵むことを楽しみとしていました。二十才の時には自宅に帰り四年間で石、砂で埋もれていた一町四反を開墾し元の田畑に戻しました。家屋も中古材で修復し念願の家の再興をしています。二十六才から二十九才まで、小田原藩家老の服部家の三人の若様の学問の指導役として仕え、三十二才から三十五才にかけての四年間は、服部家の家政の立て直しに取り組み奉公人に質素と倹約の指示を下すなどして、数百両の借金を返済し、三百両の貯金を生みました。家老から褒美《ほうび》として頂いた百両を苦労に耐えた奉公人に分け与えています。

そうして小田原藩主は、下野国《しもづけのくに》桜町（栃木県芳賀郡二宮）の復興を命じます。本来四千石の桜町は衰退して一千石に激減し、四四〇戸の農家が一四〇戸に減っていました。

「一家を廃《はい》し万家《ばんか》を興《おこ》す」と覚悟した尊徳は自分の田畑と家財を売って桜町に移り住みます。この時、尊徳三十六才。

最初に尊徳が始めた事は神社と寺の修復です。村が荒廃した原因は人心の荒廃にある。それ故、神々、土地の氏神や祖先を祭る神社と寺に対して報恩感謝することが根本であるとしたのです。経済を立て直すのに、神社や寺の修復は必要ないと言う人もいるでしょう。尊徳はそうは考えていません。神とご先祖のご加護がなければ、経済の復興もありえない。何事も、人々が神や祖先を敬い尊ぶことから始まると心得ていたのです。

次に自分の田畑・家財を売って得た七十八両を無利息で貸し出しました。補助金として与えれば人々の自立心を奪い、依存心がでて却《かえ》って人をだめにする、借りた金は働いて返すという責任をとる事が本当の慈悲だと尊徳は考えていました。

つまり、尊徳は一村、一国を立て直すには自立復興の精神を立て直し、「心田を耕すこと」が根本だとしたのです。ところが、百姓上がりの尊徳に倹約を強いられた藩士の中には、尊徳に強く反対する者もいました。そうした中、桜町に入って八年目、四十三才の尊徳は成田不動で二十一日間の断食祈願《だんじききがん》に入ります。その満願の日、「至誠《しせい》を尽しても、してやったという心があれば、それは至誠ではない。誠を尽して、それを報恩と思えばそれは徳となる」と悟り、「己が身を打ち捨ててみよ。そのあとはみんな一つの心なりけり」という自他一体、万物一体の境地に達したのです。尊徳は自他の対立を超えた自他一体の心を「一円融合」と表現しています。

そしてその日から、復興は急速に進みました。十年目には藩主に約束した二千石を上回り、三千石位に回復。十五年目には本来の四千石を回復し、さらに余財として米八五〇〇俵、金二百両、二つの神社と二つの寺の造営、九十六軒の民家の新築があり、以後、尊徳の指導を志願する者が殺到し、生涯で六百余村を復興しています。

亡くなる時、一銭の財産も残さなかった尊徳は次の和歌と言葉を残しています。

天地《あめつち》の　神《かみ》と皇《きみ》（天皇）との　恵みにて　世を安《やす》く経《ふ》る　徳に報《むく》えや

仮の身を　元のあるじ（神《かみ》と皇《きみ》）に貸《かし》渡《わた》し　民《たみ》安かれと　願うこの身ぞ

古語に至誠（きわめて誠実なこと）神のごとし、と言うが至誠はすなわち神に違いない。知恵や学問があっても、至誠と実行がなければ事は成らないことを知るべきである。

## ■ コラム　誠実な一人の老人の話

桜町の復興には、一人の老人の話が残されています。貧しい老人は開墾が終った日、又別の働き場を探しに他国へ出ようとしていました。尊徳はこの老人に褒美《ほうび》として十五両を与えようとします。老人は人並みに賃金を頂くことさえ勿体《もったい》ない、とこれを辞退します。尊徳は老人に語りました。

「人はみな根を起《おこ》しやすい所を選び、多く開いたように見せている。お前は一人、人の嫌《きら》う大きな根っこを掘って力を尽して怠《おこた》らなかった。私は一人一人の働きをよく見ている。お前の功《こう》は目に見えないようでも、その労苦は人の倍である。この開田が早くできたのも、全くお前の誠実の力だ。他国に出て働くといいながら、今与える褒美も辞退しようとしている。その心の潔白で正直なところは、衆人の及ぶ所ではない。この褒美を貧困を免《まぬが》れ老いを養う助けとしてもらえば、私もまたそれを喜ぶのだ」

## 尊皇の芽生《めば》え

「上に立つ人が、一人わがままをしていては、天下が乱れるのは古今の通例である」と語った山鹿素行は、寛文五年（二三二五）、四十五才の時「聖教要録」を刊行します。これは、幕府の御用学問であった身分制度を堅持《けんじ》する朱子学《しゅしがく》を批判する内容であったため、翌寛文六年、幕府大目付《おおめつけ》の北條安房守《あわのかみ》に呼び出され、「不届《ふとど》きな書物を書いた理由で赤穂、浅野内匠頭《たくみのかみ》の所へお預けになる旨《むね》、御老中《ろうじゅう》からの仰《おお》せである」と配流処分が言い渡されます。素行は、御公儀《ごこうぎ》に対し不届きとはどの部分か、と尋《たず》ねるも、流罪《るざい》と決った以上言う必要はない、と答えはありません。

赤穂では、浅野家の手厚い待遇を受け、のちの赤穂義士、大石内蔵助良雄《くらのすけよしたか》ら少年達へ「日本書紀」など日本の古典の講義もしています。

素行に続いて日本の歴史、古典をひもとく國学は、江戸時代を通して脈々と続けられ、水戸藩では徳川光圀《みつくに》が藩をあげて三九七巻に及ぶ「大日本史」の編集を明暦三年（二三一七）に始め、完成したのは実に二百五十年後の明治三十九年です。この編集事業の中から、徳をもっておさめる天皇は、権力をもって支配する覇者《はしゃ》（幕府の将軍）にまさるという考えが生れ、徳川幕府を倒す原動力となりました。

素行が「中朝事実」を刊行した時に、京の伏見稲荷《ふしみいなり》大社の神官の子として荷田春満《かだのあずままろ》が生れています。春満は國史、古文、古歌、歌道を深く学び、三十二才から約十四年間、江戸で過します。当時は学問と言えば儒教が全盛ですが、春満は國学の復興に全力を傾け、後に「万葉集考」や「国意考」などを著した賀茂真淵《かものまぶち》らを門人としています。そして、「古事記伝」を著した本居宣長《もとおりのりなが》、復古神道を提唱し「古道大意」などを著した平田篤胤《あつたね》らの門人に引き継がれています。

平田篤胤が十五才の時、土佐に生れた鹿持雅澄《かもちまさずみ》は「万葉集」の四千五百首を殆ど《ほとん》暗誦《あんしょう》していた人で注訳書「万葉集古義」三十二巻を著し、そして「古事記」、「日本書紀」を学んで皇朝学と呼びました。雅澄は「私が亡くなって三百年から五百年たつ頃には、私が書き残した事が世論として定まり、神さま　天皇、祖先と父母への恩を悟り、報いる人の道が確立していなければならない」という壮大な思いを書き残し、安政五年(一五一八)に逝去《せいきょ》しています。

## ■ コラム　もう一つの赤穂義士

元禄十四年（二三六一）三月四日、江戸城の松の廊下に於いて、播州《ばんしゅう》赤穂城主、浅野内匠頭長矩《たくみのかみながのり》が吉良上野介義央《きらこうずけのすけよしなか》を斬りつけた刃傷《にんじょう》事件が起こります。

赤穂義士の討入りは、君主に対する武士の忠義として映画にもなっていますが、これは単なる仇討《あだう》ちではありません。討入りした義士の子供は十五才になれば全て八丈島へ島流しされました。尊皇の血統を断つためです。

つまり、吉良家三代は朝廷の力を弱める任に当り、天皇が幼くして即位される事や徳川将軍家の娘を天皇の女御《にょうご》に納《い》れる画策《かくさく》をし、これを成功させて幕府内での地位を築いていました。

これに対抗したのが山鹿素行の教育を受けた尊皇の志士、大石内蔵助だったのです。赤穂義士の討入りは、勤皇の志士達の義挙でもあったのです。

## 尊皇を弾圧

幕府は尊皇の志士を抹殺すべく赤穂義士の子息を八丈島に島流しすると共に、京都で若い公家に皇室の尊厳を説いた越後の竹内式部《たけのうちしきぶ》を八丈島に流し、さらに、明和四年（二四二七）、「徳をもって國を治める　天皇は、権力で支配する将軍にまさる」と説いた江戸の山県大弐《やまがただいぶ》ら三十余名を処刑しています。

しかし、皇室こそが日本の日本たるところである、という思いは息づいています。独裁政治の幕府を倒し、朝廷を中心に日本がひとつにまとまろう、そして日本の誇りを失わず、威圧して日本に侵入してくる外国勢を打ち払うべきだ、という議論も沸《わ》きあがっています。大坂生まれの頼山陽《らいさんよう》は「日本外史」で楠木正成の尊皇忠君を讃《たた》え、水戸の会沢正志斎《あいざわせいしさい》や藤田東湖《とうこ》、上州（群馬）の高山彦九郎、下野（栃木）の蒲生君平《がもうくんぺい》らも尊皇を唱えています。

藤田東湖には次の逸話があります。文政七年（二四八四）、イギリス船が常陸《ひたち》（茨城）大津浜沖に来航し、船員十二名が無断で上陸しています。明らかに不法侵入であり、日本の主権を侵すものとして、水戸藩は直ちにイギリス人十二名を捕え取り調べたものの、船員の処分は幕府に委《ゆだ》ねられました。幕府の役人は重大な違反と考えずそのまま釈放すると聞いた東湖の父、幽谷《ゆうこく》は十九才の東湖に命じます。

万が一、船員が釈放されたなら、堂々たる日本國に一人も真の男児がいないことになる。私はそれを大変恥かしいと思う。お前はすぐ大津浜へ急行し、船員の宿舎に突入して彼等を切りつくし、そして、悪びれずに役人に自首し、裁《さば》きを受けよ。私の子供は男子はお前一人であるから、死ねば我が家の祭祀は絶えるが、しかしそれは構わない。氣にするな。

東湖が大津浜に着く迄に船員は釈放されており、決行には至っていません。

## アジアが欧米の植民地に

国の防衛や開國についても民間の議論も熱くなっています。海外の状況に注目し、海の防衛を固めるべきとして、「海国兵談」を著した江戸の林子平《しへい》に対し、幕府は人心をまどわすものとして出版をとめ、子平を自宅謹慎処分にしました。越後（新潟）の本多利明《としあき》は「経世秘策」を著し、開国と貿易と国防の急務を説き、羽後《うご》（秋田、山形）の佐藤信淵《のぶひろ》も「防海策」、「経済要録」などを著し、海外との通商を唱えて幕府の無策を批判しています。

文化五年（二四六八）にはイギリスの軍艦、フェートン号が長崎に侵入し、薪《まき》や水、食料を奪いとる事件があり、長崎奉行の松平康英《やすひで》は責任をとって自害。アメリカの捕鯨船も日本近海にあらわれ、薪や水、食料を強要するようになりました。幕府が文政八年（二四八五）、通商関係があったオランダと清以外の外国船に対し、無理やり上陸してきたら打ち殺してもいいという異国船打払令を出しています。これに従って、天保八年（二四九七）、日本人漂流民を日本に送り返し、合せて貿易開始の糸口を作ろうと浦賀にやってきたアメリカの商船、モリソン号が砲撃され、このため薩摩に回った同船に対しても再び砲撃を加えたため、モリソン号は引き返すという事件が起こりました。

文人画家で洋学者の渡辺崋山《かざん》、医者の高野長英《ちょうえい》は、この幕府の外交処置を批判したため、崋山は郷里の三河（愛知）での自宅謹慎、長英は終身刑の処罰を受けています。この事件の十七年後、清がアヘン戦争でイギリスに破れ、香港を取られて開国したとの情報を得た幕府は大きな衝撃を受け、天保十三年（二五〇二）、異国船打払令を取り下げ、外国船に薪や水を与えすみやかに退去させる薪水給与令に差し替えています。崋山と長英に対する処罰は何だったのか。日本人の海外渡航を禁止し、これを破れば死罪を課していた幕府は海外の動向を把握できず、一貫した外交方針もなく、場当り的な対処しかできていません。

海外の先進国の狙いは、植民地支配と貿易の拡大がありました。十八世紀の後半に産業革命を成しとげた欧米諸国は、安い原料の確保と大量生産した商品を売る市場を求めアジアに進出を始めます。イギリスは大量生産による安い綿織物を輸出、手工業のインドの綿業界は倒産し多数の職人が失業します。皇紀二五一七年イギリス東インド会社に雇われていたインド兵、セポイの反乱をきっかけに、手工業者や農民が立ち上がり、全国的な反乱となり、これを武力に勝るイギリス軍が鎮圧してインド全土はイギリスの植民地となりました。

十九世紀の後半のアジアは、イギリスはインド、ビルマ、マレーシア、北ボルネオを、フランスはインドシナを、オランダはスマトラ、ジャワ、ボルネオセレベスを、ポルトガルはティモールを、アメリカはハワイに続いてフィリピンを植民地として支配しています。支那の清もアヘン戦争でイギリスに敗れており、当事の東アジアの独立国は、シャムと日本の二国だけという状況に陥《おちい》っています。

## 尊皇の志士、立つ

嘉永六年（二五一三）六月、アメリカ海軍提督のペリーは、軍艦四隻を率《ひき》いて浦賀沖に現れ、江戸湾の品川沖まで進入して空砲を発射して威嚇《いかく》し、日本に開国と通商を求めるアメリカ大統領の国書の受け取りを要求しました。四隻とも長さ五十五メートルで、それぞれ二十門以上の大砲を積み、その内の二隻は蒸気船で黒煙をあげています。圧倒された幕府は国書を受け取り、一年後に回答することを約束したものの、幕府に案はなく、ただうろたえるばかりです。

安政元年（二五一四）正月、回答を受け取るためペリーは七隻の軍艦を率いて、空砲を発射しながら江戸湾を北上します。結局三月三日、下田、函館の二港を開き領事の駐在を認める事など、アメリカに有利な最恵国待遇の条件を結び、続いてイギリス、ロシア、オランダにも同様の条約を押しつけられました。

この時、長州（山口）の志士、吉田松陰が立ち上がります。松陰は山鹿流軍学を山鹿素行に学んで軍学師範家を継ぎ、素行を先師として尊敬していた英傑です。海外の軍事力を正確に分析していた佐久間象山から「海外に人材を派遣し、進んだ知識や技術を取り入れなければ、国を滅ぼすことになる」と教えられ、通商条約は日本の国力を養った後、民族の誇りを失わぬよう、欧米諸国と対等の立場で結ぶべきだという持論をもっていました。危機感を抱いた松陰は死罪を覚悟して、海外密航を決意します。三月二十七日、ペリーの軍艦に乗り込むべく、下田、柿崎の海岸から船をこいでアメリカの軍艦に乗り込んだものの、渡航を拒《こば》まれ密航は失敗しました。松陰は自首をして下田から江戸、伝馬《でんま》町の牢獄《ろうごく》に送られる途中、泉岳寺《せんがくじ》の前を通った時、赤穂義士の墓前に一首の歌を捧げました。

かくすれば　かくなるものと　知りながら　やむにやまれぬ　大和魂《やまとだましい》

松陰に対する判決は意外にも自宅謹慎という処置で、師の象山は自藩の信州松代で、松陰の父兄や叔父らも自宅での謹慎処分を受けました。

二年前、水戸の会沢正志斎を訪ねた松陰は、七十を過ぎたこの老翁から「日本の国柄を尊ぶべき理由を知っておられるか」と尋ねられ、今まで学んだのは漢学が中心で、自国の歴史を深く学ばなかったことを反省し、後にその時の思いを「身、皇国に生まれて、皇国の皇国たる所以《ゆえん》を知らずんば、何を以って天地に立たん」と記しています。この松陰が自宅に戻り、松陰の講義に沢山の若者が集まりました。「松下村塾《しょうかそんじゅく》」と呼ばれたこの塾の門人から倒幕運動に身命を捧げる高杉晋作、久坂玄瑞《げんずい》、入江杉蔵といった優れた志士、そして明治政府の指導者となった伊藤博文、山縣有朋《ありとも》、品川弥二郎など多くの逸材が育っていったのです。

松陰と共に卓越した志士が橋本左内《さない》です。左内は山鹿素行と同じ時期を生きた京都の山崎闇斎《あんさい》を祖として、忠孝を主とした崎門《きもん》派の教えを学び、「忠孝の二字は万世《ばんせ》の亀鑑《きかん》、百行《ひゃっこう》の根本」と記しています。そして皇國を護《まも》らんと時代を先取りした救國の策を打ち出しています。つまり、我國が孤立独行するのは容易でない、強國と同盟を結び、國力の充実を計るべきである。同盟があれば亡國となることはない。その為には、日本の國体の本義に返り　天皇を奉じ　天皇を中心にして國民一丸となり進まねばならない―日本の國体を認識し、弱肉強食の世界の動勢を把握していた左内の同盟論は、後に明治の外相、小村寿太郎が日英同盟として実現しています。

## ■コラム　稲むらの火

黒船が浦賀沖に現れた翌年の安政元年十二月二十三日、南海大地震が和歌山を襲った。和歌山から南に二十キロの広村（現広川町）の高台に住む庄屋の濱口梧陵《ごりょう》は津波の来襲を察知。脱穀した稲束を積みあげた稲むらに火をつけ、危険を知らせ、村民を高台に避難させた。村民は高台から津波の猛威を見た。

濱口は村の復旧と「住民百世の安堵《あんど》を図《はか》る」として、四千六百六十五両の私財を投じ、防波堤工事も完成させている。

平成十七年、インド洋大津波を議題にした東南アジア首脳会議で、シンガポールの首相が「日本では小学校の教科書に『稲むらの火』の話があって、子供のときから津波対策を教えているのか」と小泉総理に尋ねた。しかし、総理も随員も、東京の文部科学省も、何も知らなかった。

日本の歴史が海外に残されていて、日本に残っていない、こんな事例が実に多いのです。

## 幕府の暴挙

十三代将軍、家定の跡継ぎで幕内が対立している中、大老に就任した彦根藩主の井伊直弼《なおすけ》は、安政五年（一八五八）、勅許をえないまま日米修好通商条約に調印。この条約は、国内の外国人を裁判できない治外法権《ちがいほうけん》、輸入品の関税を日本が決められないという不平等条約で、オランダ、ロシア、イギリス、フランスとも同様の条約を結んでしまいます。屈辱的な条約を幕府が独断で調印した時、時の　孝明天皇は国の将来を憂慮され、自分はどうなってもいいが、國民を不幸にさせるような事があってはならない、と次の歌を詠まれました。

すましえぬ　水にわが身は　沈むとも　にごしはせじな　よろづ國民《くにたみ》

井伊は将軍の跡継ぎを家茂《いえもち》に決め、水戸藩主の徳川斉昭《なりあき》の子、慶喜《よしのぶ》をおしていた反対派に大弾圧を始めます。皇族、公卿《くぎょう》、諸大名、藩士など百余名も対象となり、水戸藩主、徳川斉昭、福井藩主、松平慶永《よしなが》らは謹慎となり、松平慶永の命で朝廷、幕府間を奔走《ほんそう》した橋本左内は死刑、吉田松陰にも死刑を科し、二人は安政六年（二五一九）十月、処刑されています。この時、左内二十六才、松陰三十才です。

井伊のこの横暴に対して、有志の危機感は頂点に達し、翌万延元年（二五二〇）三月、井伊は水戸浪士らの決死隊によって桜田門外で殺害され、幕府の威信は地に落ちました。

## 松陰死すとも、なお死せざるなり

七月九日、江戸の評定所で松陰の取り調べが始まり、十月の半には死罪は免《まぬが》れないと覚悟して、門人たちへの激励と遺書である「留魂録」を書き始め、その冒頭を

身《み》はたとひ　武蔵の野辺《のべ》に　朽《く》ちぬとも　留《とど》め置かまし　大和魂

の歌で始め、また両親にあてて別れの手紙を書いています。

「……まだまだ学問が浅く、わが至誠は天地を動かすことができず、ついに斬首《ざんしゅ》され

ることになってしまいました。さぞや悲しみ嘆かれるに違いないと拝察申し上げます……」と記した後に、次の一首を書き留めています。

親思ふ　心にまさる親心　今日の音《おと》づれ　何と聞くらん

二十六日の黄昏《たそがれ》に、「留魂録」を書き上げ、静かに目を閉じました。

愛する者達よ、私の死を悲しむな。君達は私の志を知る者だ。私の志を受け継ぎ、日本をりっぱな國にしていってくれ。たとえ死んでも、私の魂は必ず、志を受け継ぐ君らと共にある。そして、この精神を貫《つらぬ》くのだ……

明けて十月二十七日の早朝、ついに呼び出しの声がかかりました。評定所で松陰が座ると、直ちに「死罪」が申し渡され、松陰は立ち上がり役人に一礼して評定所の潜《もぐ》り戸を出ます。その時、次の詩を吟詠したのです。

吾れ今國の為に死す
死して君親に背《そむ》かず
悠々《ゆうゆう》たり天地の事
鑑照明神に在り

いま自分は國のために死んでゆく。
しかし自分の死は、天皇にも藩侯にも両親にも背《そむ》くものではない。
天地は悠々と流れてゆく。それを思えば自分一個の死などは、意に介するほどのことではない。
神々は何事も見通されており、正義は必ずいつか貫かれることは間違いない。

この松陰の吟詠に、幕府の役人たちも粛然《しゅくぜん》と聞きいりました。当時、江戸には伊藤博文ら四人の弟子がいて、小塚原で松陰の遺骸《いがい》を受け取り、きれいに整えて遺骸を先に刑死した橋本左内の墓の横に丁重に葬《ほうむ》ったのです。

父、百合之助は遺書と埋葬の報告を読み、深い悲しみのうちにも満足そうに語っています。

わが子は一死をもって天皇と國の御恩に報《むく》いたのだ。誠に日頃の言動に背《そむ》かなかった。

その後、松陰の志を受け継いだ弟子たちの懸命の活躍によって、倒幕運動は進み久坂玄瑞や高杉晋作ら松陰の高弟も師の後を追うように敢然と命を投げ出していった。これらの若者たちの尊い命を代償として、やがて明治維新が成就《じょうじゅ》し　天皇を名実共に國の中心に戴《いただ》く近代國家・日本が誕生したのです。

松陰が刑死して約三十年後、明治の著名な文筆家の徳富蘇峰《とくとみそほう》は、その著書「吉田松陰」の中で次のように書いています。

彼は多くの企てを為《な》したが、一つも成功しなかった。……彼はあたかも難産した母のようだ。自らは死んでしまったが、その赤児は成長し成人した。……彼の生涯は熱血の國民的詩歌《しいか》である。彼は空しい言葉によってでなく、実際の活動によって教育した。この教訓が不朽《ふきゅう》なら、彼もまた不朽である。すなわち、松陰死すもなお死せざるなり。

## 倒幕のうねり

麻薬・アヘンを禁止してイギリスと戦った清が破れ、香港島も占領されたのが皇紀二五〇二年。日本が欧米五ヶ国から不平等条約を押しつけられたのが皇紀二五一八年。この年から、国内は激動の十年を迎えます。

文久三年（二五二三）、生麦《なまむぎ》事件の報復でイギリス軍艦から鹿児島は攻撃を受け、市街が焼け野原となりました。文久四年（二五二四）、長州は前年の外国船砲撃の報復攻撃を受け、旧式の大砲で戦った長州はイギリス、アメリカ、フランス、オランダの四国連合艦隊に大敗しています。欧米列国との軍事力の差を見せつけられた両藩は、外国を討つことが無理と悟って開国して國力を整える方針を固めます。

長州では奇兵隊を組織した高杉晋作と桂小五郎（後の木戸孝允《きどたかよし》）が藩論を討幕に導き、薩摩でも西郷隆盛や大久保利通《としみち》らが指導し、幕府を倒して天皇制度への復古へと両藩がまとまります。これが歴史のうねりとなって、土佐の坂本龍馬が仲立ちとなり、慶応二年（二五二六）、京都で西郷、木戸、坂本が会い薩摩と長州が連合して討幕、王政復古への盟約を結んだのです。

ペリー来航から七年後の安政七年（二五四〇）、日米修好通商条約の批准書を交換するため、咸臨丸《かんりんまる》の艦長としてアメリカを訪れた勝海舟は、幕藩体制の封建政治では世界の荒波を生きぬくことはできないと考え、元治元年（二五二四）、西郷に会った時、「幕府は朽《く》ちた。今後は志ある藩が結束し、朝廷を奉じて國をまとめ、海外の列国と対峙《たいじ》しなければならない」と説いています。この時、勝、四十才、西郷、三十七才です。この二年前、坂本龍馬は海舟の自宅を訪ねています。龍馬は海舟の話に心酔《しんすい》し、以後、海舟の指導を受けていきます。

フランスの駐日公使ロッシュは、イギリスに対抗し幕府に経済的、軍事的援助をしていましたが、幕府幹部の松平宗秀はフランス軍に長州を征伐させるという暴論を吐《は》き、同じ小栗上野介《おぐりこうずけのすけ》もフランス軍の利用を考えていました。一方、この年の七月末イギリスの駐日公使、パークスの援軍申し入れに対し西郷は次のように固辞《こじ》しています。

日本の國体を立て貫《つらぬ》いていく上で、外国に相談する事はない。日本の一大事については日本人が自主的に決める。

将軍の慶喜はどの様に考えていたのか。それは、幕府という形での政権維持は不可能であり、征夷大将軍の地位を朝廷に返還する。天皇の下で諸大名による議会を作り、四百万石の天領があり陸海軍を手中にしている徳川家に執政が委任されるであろうから、実質的には徳川家の政治支配が続けられる、と踏んでいました。

坂本龍馬は土佐前藩主、山内容堂に幕政を朝廷に返上する事を申し立てさせるため、都に上る船の中で船中八策を書き上げました。これを受けて山内容堂は慶喜に大政奉還を建白し十月十四日、慶喜は朝廷に大政奉還を申し出て、朝廷はこれを受理しています。

## 江戸城、無血開城

ペリー来航の時　孝明天皇は二十三才であられました。　天皇を中心とする國体に戻る灯がともった慶応二年十二月二十九日、一切の國難を御身に負われて、ご心労がつもりつもられたのでしょう、三十六才のお若さで崩御されました。

明けて慶応三年一月九日、十四才の祐宮睦仁親王《さちのみやむつひと》が践祚《せんそ》され　明治天皇となられます。

天皇陛下はこの年の十二月九日、王政復古の大号令を発せられ、これには前将軍慶喜の内大臣の退官と領地の一部返上が盛り込まれていたため、幕臣たちは激昂《げっこう》します。慶喜は京都、二条城から大坂城に戻り幕臣を説得しますが、年が明け正月の初めから会津、桑名の兵は大坂城からくり出して京都に進軍を始め、三日の夕方からは鳥羽、伏見で戦いが始まり、官軍はこれを破り敗走する幕府軍を追撃します。

慶喜は大坂城を出て、海路で江戸城にもどり、徹底抗戦論の小栗上野介らを罷免《ひめん》し、フランス公使の軍事援助の申し入れも拒絶し、一切を勝海舟にゆだねて、自らは上野の寛永寺の一室にこもり、恭順《きょうじゅん》の意を示しました。

一方、薩長を中心とする官軍の江戸城総攻撃予定日の三月十五日を前に、九日には参謀の西郷は駿府《すんぷ》（静岡）まで軍を進めています。徳川側の総督、勝海舟は西郷に宛てた書状を持たせて山岡鉄舟を駿府に送り、江戸に戦乱の血を流さないための下交渉をさせます。慶喜の備前《びぜん》（岡山県）幽閉の処遇に断固として引かない鉄舟の意を西郷が胸に納めて合意がなり、次いで十三、十四日には西郷と勝が江戸で会見し西郷の「色々難しい議論もありましょうが、私が一身においてお引き受け申す」の一言で江戸城の無血開城が成り、江戸百万人の生命と財産が守られました。事実、海舟は西郷との交渉が決裂した場合は、江戸市民を避難させ、江戸市中に火を放ってゲリラ戦の計画を立てていたのです。海舟は自伝「氷川清話《ひかわせいわ》」の中で西郷のことを次の様に書いています。

「大局を達観し、しかも果断に富んでいたのには、おれも感心したよ」。

鎌倉幕府からすれば六百七十六年に及ぶ武家幕府が倒れたのです。これは世界の歴史において特筆すべきことで、フランス、ロシア、ドイツ、オーストリア、イタリア、中国の王朝は、國家が危機に直面すると決って王朝が倒されました。ところが日本においては、危機に直面して王政がよみがえったのです。堀も石垣もなければ、軍事力もない京都御所の皇室が復活したのです。

楠木正成がそうであったように、幕末の危機に当っては吉田松陰ら心ある志士たちは、国家、国民のためにはご自身の身命をも捧《ささ》げようとされてきた　天皇陛下のご仁徳を崇敬し　天皇陛下をまとまりの核とする日本の國体を守りぬいたのです。

今（平成二十六年）から二六七四年前の皇紀元年、大和の橿原宮で　神武天皇が即位され、第五十代　桓武天皇から一千年以上にわたって住まわれてきた京都御所から、東京の皇居に直系百二十二代の　明治天皇が移られて明治の御世《みよ》が始まります。

## 百二十五代御歴代天皇御名

1 神武《じんむ》
2 綏靖《すいぜい》
3 安寧《あんねい》
4 懿徳《いとく》
5 孝昭《こうしょう》
6 孝安《こうあん》
7 孝霊《こうれい》
8 孝元《こうげん》
9 開化《かいか》
10 崇神《すじん》
11 垂仁《すいにん》
12 景行《けいこう》
13 成務《せいむ》
14 仲哀《ちゅうあい》
15 応神《おうじん》
16 仁徳《にんとく》
17 履中《りちゅう》
18 反正《はんぜい》
19 允恭《いんぎょう》
20 安康《あんこう》
21 雄略《ゆうりゃく》
22 清寧《せいねい》
23 顕宗《けんそう》
24 仁賢《にんけん》
25 武烈《ぶれつ》
26 継体《けいたい》
27 安閑《あんかん》
28 宣化《せんか》
29 欽明《きんめい》
30 敏達《びたつ》
31 用明《ようめい》
32 崇峻《すしゅん》
33 推古《すいこ》
34 舒明《じょめい》
35 皇極《こうぎょく》
36 孝徳《こうとく》
37 斉明《さいめい》
38 天智《てんぢ》
39 弘文《こうぶん》
40 天武《てんむ》
41 持統《じとう》
42 文武《もんむ》
43 元明《げんめい》
44 元正《げんしょう》
45 聖武《しょうむ》
46 考謙《こうけん》
47 淳仁《じゅんにん》
48 称徳《しょうとく》
49 光仁《こうにん》
50 桓武《かんむ》
51 平城《へいぜい》
52 嵯峨《さが》
53 淳和《じゅんな》
54 仁明《にんみょう》
55 文徳《もんとく》
56 清和《せいわ》
57 陽成《ようぜい》
58 光孝《こうこう》
59 宇田《うだ》
60 醍醐《だいご》
61 朱雀《すじゃく》
62 村上《むらかみ》
63 冷泉《れいぜい》
64 円融《えんゆう》
65 花山《かざん》
66 一条《いちじょう》
67 三条《さんじょう》
68 後一条《ごいちじょう》
69 後朱雀《ごすじゃく》
70 後冷泉《ごれいぜい》
71 後三条《ごさんじょう》

72 白河《しらかわ》
73 堀河《ほりかわ》
74 鳥羽《とば》
75 崇徳《すとく》
76 近衛《このえ》
77 後白河《ごしらかわ》
78 二条《にじょう》
79 六条《ろくじょう》
80 高倉《たかくら》

81 安徳《あんとく》
82 後鳥羽《ごとば》
83 土御門《つちみかど》
84 順徳《じゅんとく》
85 仲恭《ちゅうきょう》
86 後堀河《ごほりかわ》
87 四条《しじょう》
88 後嵯峨《ごさが》

89 後深草《ごふかくさ》
90 亀山《かめやま》
91 後宇多《ごうだ》
92 伏見《ふしみ》
93 後伏見《ごふしみ》
94 後二条《ごにじょう》
95 花園《はなぞの》
96 後醍醐《ごだいご》

97 後村上《ごむらかみ》
98 長慶《ちょうけい》
99 後亀山《ごかめやま》
100 後小松《ごこまつ》
101 称光《しょうこう》
102 後花園《ごはなぞの》
103 後土御門《ごつちみかど》
104 後柏原《ごかしわら》

105 後奈良《ごなら》
106 正親町《おおぎまち》
107 後陽成《ごようぜい》
108 後水尾《ごみずのお》
109 明正《めいしょう》
110 後光明《ごこうみょう》
111 後西《ごさい》
112 霊元《れいげん》

113 東山《ひがしやま》
114 中御門《なかみかど》
115 桜町《さくらまち》
116 桃園《ももぞの》
117 後桜町《ごさくらまち》
118 後桃園《ごももぞの》
119 光格《こうかく》
120 仁孝《にんこう》

121 孝明《こうめい》
122 明治《めいじ》
123 大正《たいしょう》
124 昭和《しょうわ》
125 今上《きんじょう》

# 第五章　明治維新なる

## 重箱と握り飯

明治元年　明治天皇陛下は明治の骨格となる五箇条の政治方針を天神地祇《てんじんちぎ》、つまり高天が原と國々におられる全ての神々に誓われました。五箇条の御誓文です。

一、広く会議を興《おこ》し、万機公論に決すべし
一、上下心を一にして、盛《さかん》に経綸《けいりん》を行うべし
一、官武一途庶民《かんぶいっとしょみん》に至る迄、各その志を遂《と》げ、人心をして倦《う》まさらしめんことを要す
一、旧来の陋習《ろうしゅう》を破り、天地の公道に基《もとづ》くべし
一、知識を世界に求め、大いに皇基《こうき》を振起《しんき》すべし

広く会議を開いて、公正な議論によって事を決めること、上に立つ者も下の者も、心を一つにして、國のために励むこと、公家も士族も庶民もみな一つになって、それぞれの志をもってそれを成し遂げ、國民があきらめたり、挫折しないようにすること、

古くからの悪い習慣から脱皮して、この世の中の正しい道理に基くこと、知識を広く世界から集めて、國の基盤を強くすること。

わが國はかつてない大改革を行おうとしている。朕《ちん》(天皇)はまず先に、天地神明に誓って大いにこの國の方針を定め、全国民を保護し安全な道程を打ち建てる。國民はこの趣旨に基いて共に心を一つにして協力・努力してほしい。

御誓文の実行に当り　明治天皇が最も期待された人物が西郷です。西郷は文政十年(一四八七)十二月七日、鹿児島城下の下加治屋町で長男として生れ、十二才頃までは薩摩独特の町内教育組織とでも言うべき郷中《ごじゅう》教育で学び、ここでは「嘘をいうこと」「負けること」「弱い者を苛《いじ》めること」は恥ずべき事だと教えられています。この当時、例へば会津には日新館という藩校があり、「ひきょうな事をしてはならぬ」、「ならぬ事は、ならぬ」などの七つの掟でもって、子供達に人の徳を教えていました。

明治政府の筆頭参議で陸軍大将元帥となった西郷ですが、生活は質素、倹約を旨とし、他の政府幹部が金蒔絵《まきえ》の重箱で豪華な昼食をしている横で、西郷は握り飯を食べ彼らに煙たがられていたようです。夫人が自宅の雨漏《あまも》りがひどいので、建て替えを願っても聞き入れません。

國民の上に立つものは、己を慎《つつし》み、品行を正し、贅沢《ぜいたく》を戒《いまし》めて國民の標準となり國民の勤労や努力をいとおしむようでなければ政治はできない、というのが西郷の信念です。西郷の次の言葉は、現在の政界への戒めでもあります。

命《いの》チモイラズ名《な》モイラズ官位《かんい》モ金モイラヌ人ハ仕末《しまつ》ニ困ルモノ也。此《こ》ノ仕末ニ困ル人ナラデハ艱難《かんなん》ヲ共ニシテ国家ノ大業ハ、成《な》シ得《え》ラレヌナリ。

西郷の最初の大仕事は、これまでの制度を改め、國を一つにまとめる事です。時代は明治となっても、藩はそのまま残っていて、税金の徴収と軍隊は各藩が握っていたため、徴税と軍事を新政府に一本化する必要があったのです。藩の廃止は武士にとって、昨日まで仕《つか》えた主君を失い、藩からの給料もなくなって失業する事になります。西郷は各藩の反乱に備え兵を集めていたのですが、見識をもった武士達は自らの身分を消し去る事によって、これから日本が世界の仲間入りができる、とこの改革をよく理解し大きな混乱もなく明治四年に実施され、新政府から任命された県知事が全国に派遣されました。

## 天を敬い、人を愛す

一方、支那・清王朝の従属国であった朝鮮の李王朝は、明治新政府の樹立を知らせる國書に、清の皇帝以外に使ってはならないと考えていた「皇」の文字があるとしてその受け取りを拒否し、室町時代から釜山などにあった和館を通じての交易中止を宣告し、日本との一切の交渉を断ち切りました。李王朝は清王朝の属国とならず西欧に門戸を開いた日本は野蛮な国だと相手にしなかったのです。

そこで西郷が朝鮮に出向いて交渉する旨の政府方針が決りました。ところが、明治六年、西欧列国を訪問し条約改正の予備交渉を終えて帰国した岩倉具視《ともみ》をはじめ、伊藤博文、木戸孝允《たかよし》、盟友の大久保利通《としみち》らが帰国し、何より国力の充実が最優先だとして既に閣議決定していた西郷派遣を覆《くつがえ》しました。西郷は職を辞し鹿児島に戻り、私学校を創り人材を育てながら再び中央に立つ時を待ちます。

政府は陸軍大将であった西郷と強力な薩摩隼人《はやと》の軍隊が心配です。政府の密偵が西郷暗殺を自供したというウワサが流れたり、夜間に兵器庫から武器弾薬の移送が行われた事を知った私学校の生徒がついに蜂起《ほうき》しました。一報を聞いた西郷は一言「しもうた。」と発し、そして

「それではオイどんの體《からだ》をあげまっしょう。」と呟《つぶや》いたといわれています。

明治十年二月十四日、こうして西南戦争は始まり、三月には熊本城の北西、田原坂《たばるざか》で薩摩軍は破れ、西郷は鹿児島の城山に籠《こも》りました。戦で敵に背中を見せては無礼である、というのが武士の心得です。九月二十四日未明、官軍の総攻撃に西郷は正面から向い、岩崎谷の洞窟《どうくつ》を出たところで腿《もも》に一弾を受け「晋《しん》どん、もうこの辺でよかろう。介錯《かいしゃく》を頼むぞ」と別府晋介に声をかけて自刃。四十九年と十ヶ月の生涯を終えました。

政府は薩摩軍兵を賊徒と公表、これに対し　明治天皇陛下は明治二十二年二月十一日、大日本帝國憲法が発布された日に、西郷の賊名を削除され、明治維新の大功臣と崇《あが》められることになりました。　明治天皇陛下の西郷を偲《しの》ばれての御製です。

思ふこと　なるにつけても　しのぶかな
もとゐ《い》（國の基礎）を定めし　人のいさを（功、てがら）を

明治の初め、戊辰《ぼしん》の役で最後まで官軍と戦った荘内藩《しょうない》（山形県鶴岡市地方）は、薩摩軍に敗れたものの、西郷の指示で荘内藩主や藩士らが何ら辱《はずかし》めを受けなかったことに感銘し、賊名が解かれたあと西郷の精神を伝えようとその遺訓を荘内の人々が発刊し、六名が全国を行脚《あんぎゃ》して頒布《はんぷ》しています。その中の一文「敬天愛人」です。

道ハ天地自然ノ物ニシテ　人ハ之《コ》レヲ行ウモノナレバ、天ヲ敬《ケイ》スルヲ目的トス。
天ハ人モ我モ同一ニ愛シ給ウユエ　我ヲ愛スル心ヲ以《モッ》テ人ヲ愛スル也。

## 大日本帝國憲法の発布

憲法の草案作りを始めた井上毅《こわし》は、日本固有の文化も考慮して、憲法も政治の形も日本に息づくものにする事が必要と考えました。日本最初の歴史書、古事記、日本書紀を研究した井上は「しらす」（知らす、治《し》らす）という言葉に出会いこれこそ日本独自の統治様式だと悟ったのです。井上は「言霊《ことだま》」という文章の中で書いています。

國を知り、國を知らすという言葉は、どの国にも比べられる言葉がない。「知らす」とは、天皇が國民の生活を全てお知りになるということである。日本の國家成立の原理は天皇と國民の約束ではなくて、天皇の徳である。國家の始めは君徳にもとづくという一句は日本國家学の開巻第一に説くべき定論である

井上の起草案冒頭は「日本帝國ハ万世一系ノ天皇ノ治《シラ》ス所ナリ」ですが、法律用語として適当でない、との判断で「統治ス」と改められました。井上は憲法制定後に次のようにも語っています。

國は徳義により成り立っていて、法律によって成り立っているのではない。國家というものはそれを担《にな》う天皇と國民が一体となった「徳義」を実際に行ってこそ成立するものである。

ほぼ八年をかけた大日本帝國憲法は、明治二十二年二月十一日に発布され、同時に

翻訳《ほんらく》され、イギリスやドイツからも高く賞賛されています

## 日本の精華、教育勅語

子供の権利を過剰に認め、なんでも自由という甘やかしと放任の教育が広がって、校内暴力、麻薬、十代の妊娠、学力の低下、子供の自殺・犯罪が多発したアメリカでは、皇紀二六四一年のレーガン大統領の時から歴代の大統領は日本の教育勅語による教育を進め、子供達を健《すこ》やかに育てる事に成功しています。フランスでも同じ事例があり、西ドイツのアデナウアー元首相は、「日本の教育勅語こそ、古今東西を通じ、人類普遍《ふへん》の道徳律である」として、教育勅語をドイツ語に訳し、書斎《しょさい》に掲げて毎日朗唱し、ドイツの教育理念としていました。

大日本帝國憲法が発布された翌年の皇紀二五五〇年、明治二十三年十月三十日、明治天皇陛下が國民に語りかけられた「教育に関する勅語」は輝かしい日本の精華です。

# 教育勅語

朕《ちん》惟《おも》うに、我《わ》が皇祖皇宗《こうそこうそう》國《くに》を肇《はじ》むること宏遠《こうえん》に、徳《とく》を樹《た》つること深厚《しんこう》なり。我《わ》が臣民《しんみん》克《よ》く忠《ちゅう》に、克《よ》く孝《こう》に、億兆心《おくちょうこころ》を一《いつ》にして　世世厥《よよそ》の美《び》を濟《な》せるは、此《こ》れ我《わ》が國體の精華《せいか》にして、教育《きょういく》の淵源亦実《えんげんまたじつ》に此《ここ》に存《そん》す。

爾臣民《なんじしんみん》　父母《ふぼ》に孝《こう》に、兄弟《けいてい》に友《ゆう》に、夫婦相和《ふうふあいわ》し、朋友相信《ほうゆうあいしん》じ、恭検己《きょうけんおの》れを持《じ》し、博愛衆《はくあいしゅう》に及《およ》ぼし、学《がく》を修《おさ》め業《ぎょう》を習《なら》い、以《もっ》て知能《ちのう》を啓発《けいはつ》し、徳器《とっき》を成就《じょうじゅ》し、進《すすん》で公益《こうえき》を広《ひろ》め、世務《せいむ》を開《ひら》き、常《つね》に國憲《こっけん》を重《おも》んじ國法《こくほう》に遵《したが》い、一旦緩急《いったんかんきゅう》あれば義勇公《ぎゆうこう》に奉《ほう》じ、以《もっ》て天壌無窮《てんじょうむきゅう》の皇運《こううん》を扶翼《ふよく》すべし。是《かく》の如《ごと》きは独《ひと》り朕《ちん》が忠良《ちゅうりょう》の臣民《しんみん》たるのみならず、又以《またもっ》て爾祖先《なんじそせん》の遺風《いふう》を顯彰《けんしょう》するに足《た》らん。

斯《こ》の道《みち》は、実《じつ》に我《わ》が皇祖皇宗《こうそこうそう》の遺訓《いくん》にして、子孫臣民《しそんしんみん》の倶《とも》に遵守《じゅんしゅ》すべき所《ところ》、之《これ》を古今《ここん》に通《つう》じて謬《あらま》らず、之《これ》を中外《ちゅうがい》に施《ほどこ》して悖《もと》らず、朕《ちん》、爾臣民《なんじしんみん》と倶《とも》に拳々服膺《けんけんふくよう》して咸其徳《みなそのとく》を一《いつ》にせんことを庶幾《こいねが》う。

明治二十三年十月三十日

御名御璽《ぎょめいぎょじ》

同じ勅語の中に「日本のすぐれた國柄」「祖先が残された伝統的な美風」という言葉があります。これは、当時の政界には、日本の国に誇りがもてず、何から何まで欧米が優れているとした風潮に対する警鐘《けいしょう》でもありました。例えば、井上馨《かおる》外相は背の低い日本人はどんどん白人と結婚すべしと平然と唱え、文部大臣の森有礼《ありのり》は國語を英語にすべしと主張する、と言ったありさまでした。

現在でも票と金だけに走って常識のない、本を読まない政治家が実に多い。日本人の血、遺伝子が受け継がれてきて日本人があって、そして日本語がなくなれば日本もなくなってしまう。井上、森の二人の大臣が日本を日本でないようにしてしまおうと、平然と言っていたのです。

## ■ コラム　靴磨きの少年

先の大東亜戦争で日本が破れた翌年の昭和二十一年、日系アメリカ人、ジョージ・アリヨシさんは占領軍の一員として東京、丸の内の郵船ビルに勤務した。ビルの前にいつも七才位の靴磨《くつみが》きの少年がいた。いつも背筋を伸ばして礼儀正しく、しかし身なりは大変みすぼらしくて、いつも空腹のようであった。同情したアリヨシさんが食堂でパンにバターとジャムを塗りナプキンに包んで少年に「食べなさい」と渡した。少年はそれを大事そうに道具箱にしまった。「お腹減っているんでしょ」と少年に聞くと、少年は「私の家族は二人で、三才の妹がお腹をすかして待ってますから、持って帰って二人で食べたいと思います。ありがとうございます」と礼儀正しくお辞儀《じぎ》をした。

日系人のアリヨシさんは、少年と同じ血が流れている事を誇りに思った。教育勅語が謳《うた》いあげたのは、このような文化だと思うのです。

## 日清戦争の勝利

日朝修好条規が結ばれたのが明治九年。この条約で「朝鮮は自主の邦《くに》」と明記され、日本は諸外国に先立ち朝鮮を独立国と認めました。こうして日本との国交が開かれ、朝鮮から官僚や視察団が続々と来日し、福沢諭吉ら多くの日本人との交流が始まります。

ところがあくまで清王朝を宗主国《そうしゅこく》と仰ぐ事大党は、この交流の拡大を阻止すべく朝鮮兵と暴徒が日本公使館を焼き討ちして、十三名の日本人が惨殺されました。そして支那の清は属国保護を名目に五千もの兵を派遣して朝鮮を制圧。これに対し福沢諭吉の影響を受け明治維新を模範《もはん》にした国家改造を目指した朝鮮独立党の金玉均《きんぎょくきん》は明治十七年、クーデターを挙行し事大党を倒したものの清国軍がこれを鎮圧。この時も日本公使館が襲撃され約四十人の日本人が惨殺されています。金玉均は日本に亡命したものの朝鮮から刺客が放たれており、上海におびきだされて明治二十七年に暗殺され、その死体は清の軍艦で朝鮮に送られて、遺体は分断されて大衆の前に晒《さら》されました。この時、清は朝鮮政府に何と祝電を打っているのです。

金玉均が暗殺されたこの年、朝鮮では地方官吏の暴政に対する反乱がおこり、朝鮮政府は清に援軍を要請し、清は二千もの将兵を送り込み、「清の属邦を保護する」と、日本に通知します。しかし日本は日朝修好条規で「朝鮮は自主の邦」と、独立国と認めているので、陸奥《むつ》外相は「わが国はいまだかって朝鮮を清の属国とは認めず」と抗議すると共に、明治十八年に日本と清で結んだ天津《てんしん》条約にもとづき日本公使館と居留民の保護のため派兵を決定します。

派兵後、一ヶ月余り清と外交交渉を重ねたのは小村寿太郎ですが、日本軍の三倍以上の陸軍と強力な軍艦をもつ清は、日本を小国と侮《あなど》っていて交渉は進みません。清は明治二十七年七月三十一日、小村に国交断絶を通告し、翌八月一日、両国は宣戦を布告した。

第二軍司令官の大山巌《いわお》陸軍大将は黄海奥の威海衛を制圧し、伊東祐亨《すけゆき》海軍大将は黄海海戦で清の艦隊を破り、日本は優勢にたった。この海戦では日本の旗艦四二一七トンの「松島」が、七二二〇トンの清の旗艦「定遠」などを撃破している。また、西洋人技師を使って築き、清が難攻不落《なんこうふらく》と豪語し一万二千もの兵を集めた旅順要塞《ようさい》も、第一師団が十一月二十一日にほぼ同数の兵で攻撃し、わずか一日で陥落《かんらく》させた。陸海で日本は清を圧倒し、翌年の明治二十八年に清は降伏している。

## 三国干渉――恐ろしい、おそロシア

清には勝利したものの、日本はロシア、ドイツ、フランスの外交攻勢に敗れました。明治二十八年四月十七日、日本の伊藤博文首相と陸奥宗光《むねみつ》外相、清の李鴻章、李経方が下関で日清講和条約を調印。条約の内容は、清国は朝鮮の独立を認め、朝鮮からの貢《みつ》ぎごと、典礼を廃止する。遼東半島、台湾、澎湖諸島を日本に割譲する、というものです。ところが調印直後の四月二十三日、ロシア、ドイツ、フランスの三国はこの条約に待ったをかけ、日本に次のように勧告してきたのです。

「遼東半島の日本所有は、清国政府を危《あやう》くし、朝鮮の独立を有名無実にし、極東永久の平和の障害となる。よって、遼東半島の日本領土の放棄《ほうき》を勧告する」。そして、三国は極東海域に軍艦を集結させ、日本が拒否すれば直ちに戦闘を始めると威嚇《いかく》してきました。イギリスもアメリカもこの三国干渉を黙認し、孤立無援の日本は三国を相手に戦うことはできず、涙をのんで遼東半島を返還したのです。屈辱を受けた日本には「臥薪嘗胆《がしんしょうたん》」、つまりかたい薪《まき》の上に寝て、にがい胆《きも》を嘗《な》めて暮らし、苦難に耐えて必ず将来雪辱《せつじょく》する、という言葉が当時よく使われました。

かねてから、冬でも凍《こお》らない港を求め、朝鮮への南下を画策していたロシアは、早速動きだし、ロシアのウェーバー公使はロシア派の閔妃《びんひ》一派を支援、八月には閔妃一派が政権を握り、翌二十九年二月十日、仁川港のロシア軍艦から百二十余名の兵が上陸し京城に入り、朝鮮の国王、高宗を王宮からロシア公使館に移すという暴挙をやってのけます。ロシア公使館内に新政府を置いた朝鮮国王と親ロシア派は、時の金弘集内閣を解散させ、数名の閣僚の殺害も命じ、金首相らは虐殺されています。「朝鮮の独立を有名無実にする」と干渉したロシアがそれから一年もたたない内に、朝鮮を属国にしたのです。

## 東アジアを呑みこむ列強

明治三十年二月、朝鮮国王は一年ぶりにロシア公使館から王宮に戻り、国号を大韓と改め、大韓帝国が誕生します。この年ウェーバーの後任のロシア公使、スペールは、釜山沖の絶影島の租借《そしやく》を要求し、これを大韓帝国の外相が拒否したところ、スペールは圧力をかけ、皇帝に外相の罷免《ひめん》を要求、皇帝は外相を罷免しています。

清の山東省でドイツ人宣教師二人が賊に殺害されたのを口実にドイツは直ちに軍事行

動に入り、山東半島にある膠州湾を占領、港の九十九年間の租借を取りつけました。これを見たロシアは、この年の十二月、艦隊を旅順に派遣して旅順、大連を租借し、旅順には要塞を築き、旅順港にはロシアと清の軍艦以外の入港を禁止しました。三国干渉の仲間だったフランスは南部の広州湾を、イギリスも山東半島の威海衛と香港の対岸にある九龍半島の租借を獲得し、鉄道施設権、鉱山採掘権などの利権を手にいれます。

一方、アメリカは明治三十一年、ハワイを制圧し、スペインと戦ってフィリピンとグアムを占領し東アジアに進出しています。つまり、アジア進出の邪魔になる日本を抑《おさ》えこむ、これが三国干渉の目的であり、これを黙認したイギリス、アメリカも同じ事を狙っていたのです。

## ロシアが喜んだ義和団事件

小村寿太郎が明治三十三年五月、ロシア公使としてペテルブルグに赴任《ふにん》したこの年、清で義和団事件が起っています。義和団は呪術も行う清の拳法の一派で、清が半植民地になった事に危機感をもち、極端な排外運動に走ります。春以降、キリスト教徒の殺害、鉄道の破壊など激しさが増す中、清の政府は義和団に同調して清の軍隊に外国人の討伐を命令します。六月十一日には日本公使館の杉山彬《あきら》書記が、清の兵士によって馬車から引きずりおろされ心臓を抉《えぐ》りぬかれ惨殺された。さらに二十日、清は国際道義に反し狂気の沙汰《さた》としか言えない外国公使館を攻撃するという暴挙を始めます。

十一ヶ国の北京公使館は東西南北、約八百メートルの区域にあり、義勇兵を含め公使館五百の兵力が、清の軍、一万人以上に重包囲されて、日本を主力とする一万六千の連合軍が清国軍を撃破する八月半まで二ヶ月間に及ぶ籠城戦に入ります。この籠城《ろうじょう》戦で見事な指揮、統率をした柴五郎中佐と日本軍の勇猛無比の戦いぶりに強烈な印象を受けたマクドナルド英公使は、解放後の列国指揮官会議において「北京籠城戦の功績の半分は特に勇敢な日本軍将兵に帰すべきである」と讃《たた》えています。

こうして連合軍に占領された北京ではイギリス、アメリカ、ロシアの将兵や居留民が民家に押しいってほしいままに掠奪《りゃくだつ》を働く中、柴五郎中佐の日本軍は誰一人として掠奪をしていません。当時のイギリスの人々は、日本人は猿の一種だと思っていた頃のことです。翌年駐日公使となったマクドナルドは、日本に対する偏見を改め、日本政府に対し「日英同盟」の締結を打診し、これが明治三十五年の日英同盟の布石《ふせき》となりました。

義和団事件を最も喜んだのがロシアです。陸軍大臣クロパトキンはこの事件はロシアが満州（支那東北部）を占領する格好の口実《こうじつ》になるとして、満州全域に四千の兵で侵攻して占領して居座り、朝鮮との国境には砲台を建設し、シベリア鉄道で軍事物資の輸送を始めました。

翌明治三十四年一月、ペテルブルグで満州をロシアの保護領とする事を清に強要し、ラムズドルフ外相は、ブーティロン駐露フランス公使に次のように語っています。

日本は、ロシアが決して韓国を放棄しないことを解すべきである。もし韓国がロシアの自由にならなければ、ロシアの極東における全戦略が脅《あびや》かされる。旅順からウラジオストックに至る通路は確保しておきたい。日本がこれに同意しないならば海陸における会戦という犠牲を日本が払わねばならない。

武力で満州と韓国をものにするというロシアに対して、小村外相は明治三十五年、ロシアが満州を清に還付する条件にこぎつけました。この条約でロシアはこの年の十月から翌年の十月までに満州から徹兵することが取り決められたのですが、ロシアはこの取り決めを全く守らず、満州の占領を続けます。

小村外相は「ロシアの満州支配が既成事実になってしまえば、必然的に韓国もロシアの支配をうける。外交談判ではこの問題は解決しない。方法は二つ、一つは交戦、もう一つは第三国と結び、共同の勢力をもってロシアに日本の要求を呑ませるのが良策」と判断し、明治三十五年一月三十一日、日英同盟を結んでいます。

## ■コラム　二十四才、小村寿太郎の見識

小村寿太郎は、「子供の頃、祖母から源氏、平家や秀吉の逸話を聞くのが何より楽しみであった。武士道的な教訓を与えてくれた祖母の語り聞かせに、大いなる感化を受けた」と話している。

小村がニューヨークの法律事務所で研修していた時、ボストンの実業家のハーディは、支援している新島襄《にいじまじょう》が同志社を創立し、日本をキリスト教文化の国にすると言うが、その実現を祈っていると語った。即座に小村は答えた。

「固有の歴史と文化をもたない未開国なら、キリスト教の伝道、教化はできるでし

ょう。しかし、日本は三千年来の燦然《さんぜん》たる歴史と固有の文化があって、アメリカなどから輸入のキリスト教文化に従属させられるものでない。あなたのお心はよしとしても、遺憾ながらものになりますまい」

小村、この時二十四才。歴史をしっかり学んでいた小村には、確固たる見識があった。

## 対露外交交渉の決裂

ロシアは、満州還付条約を守るどころか、逆に大軍を満州に送り込み、さらに明治三十六年の四月から五月にかけて、韓国鴨緑江河口の竜岩浦を占領します。韓国はロシア軍の撤退を要求したものの、ロシアは租借を強要し韓国は屈服しました。八月、小村は清と韓国の独立と領土保全を含めロシアと交渉。ロシアの回答は、日本は清の独立に口を出す資格はない。韓国もまたロシアの支配下におく、という従来通りのものです。十月六日のローゼン駐日大使との会議も決裂、十月十四日、小村の出した修正案に対しロシアは回答を引き延ばし、翌年の明治三十七年一月六日に同じ回答をしてきます。一月十三日、小村は改めて譲歩した修正案を出したものの回答はありません。外交では問題が解決しないことを内外に認めさせるため、小村は外交努力に半年余りをかけたのです。

アメリカにも明治三十六年十二月にロシアとの交渉経過を伝え、日本の外交方針の正当性を訴えました。アメリカのヘイ国務長官は高平駐米公使に「今回の談判は穏当《おんとう》な譲歩をしつつ、自国の安危に関わる点についてはその主張を固持して譲《ゆず》らず、その公明にして堅実なる談判ぶりは他国はもちろんアメリカの外交史上においても例をみない」と述べています。

ドイツにも干渉《かんしょう》防止の同意を取り付け、ロシアに莫大な金を貸していて開戦を恐れていたフランスの策謀も封じ込めています。

# 第六章　アジアを守った日露戦争

## 対露開戦と　天皇陛下

明治三十七年二月四日　天皇陛下ご臨席のもと政府首脳が出席して御前会議が開かれました。日本政府は対ロシア戦を決定し、六日、ロシアに国交断絶を通告します。

明治天皇陛下は、この決定に深くお心を悩まされ、会議が終って宮中に戻られた陛下には、しばらくお言葉はありません。やがておそばの　皇后陛下に「もしやこれが失敗したら、何とも申し訳がない」と仰せられ眼には涙が湛《たた》えられていました。確固たる勝算がなく、國を滅ぼすかも知れない戦であったのです。もしそうなれば、国民を「オオミタカラ」として慈《いつく》しんでこられた皇祖皇宗《こうそこうしゅう》（天照大御神と歴代天皇）に対して申し訳がないと仰せられたのです。　陛下、明治三十八年の御製です。

ゆくすゑ《え》は　いかになるかと　暁《あかつき》の　めざめめざめに　世をおもふかな

陸軍兵力は日本の二十余万に対して、ロシアの常備軍と予備兵で三、四百万、海軍は日本の戦艦六に対して、ロシアは十五。

ロシアの総司令官、クロパトキンは「日本兵三人に対して、ロシア兵は一人で間に合う。これは戦争というよりも単に軍事的な散歩に過ぎない。戦争はロシアの日本上陸を以って終ると固く確信する」と豪語しています。

## 東郷、ロシア太平洋艦隊を撃滅

明治三十七年二月六日、東郷平八郎司令官は、旗艦・三笠に乗り込み連合艦隊を率いて佐世保を出港、二月九日、韓国の仁川港沖合でロシアの二艦を撃沈したため、ロシアの太平洋艦隊は拠点の旅順港に退却。海軍の士気を高めるため、ロシアは司令官を世界的名将とされたマカロフに代えました。東郷は以前からマカロフの海軍戦略の著書を熟読しており、マカロフが旅順港を出港する時はいつも同じ航路を通ることも観察していました。マカロフが同じ海路で出港した四月十三日、日本軍が敷設《ふせつ》していた機雷に戦艦ペテロパウロスクが当り大爆発して沈没。マカロフは戦死しています。

東郷の旅順港閉鎖作戦に威圧《いあつ》されたロシア艦隊は、旅順からウラジオストックへの脱出を六月と八月に決行。東郷はこれを黄海で撃破し、ロシア艦隊は再び旅順に逃げ帰っています。八月十四日、形勢を逆転すべく、ウラジオストックを拠点とするロシア太平洋艦隊の巡洋艦四隻が旅順支援のため南下するも、東郷は韓国蔚山《うるさん》沖で迎撃し破滅《はめつ》的な打撃を与え、ロシア太平洋艦隊はその戦力を殆《ほとん》どなくしてしまいました。そしてスエーデン南側のバルト海を拠点とするロシア海軍主力のバルチック艦隊は、アフリカ南端の喜望峰を経由、日本海海戦へと進路を進めています。

ロシアの圧政に苦しみ、自治を奪われ、自国語を禁止されロシア語を公用語として強要されていたフィンランドの人々は、戦艦八隻、一等巡洋艦三隻をはじめ総数三十八隻のバルチック大艦隊が日本に向けて航海していくのを眺《なが》め、これで日本もおしまいか、と気の毒に思ったようです。

開戦直後、日本軍にも被害が出ています。五月半ば、敵の機雷と濃霧のため戦艦初瀬と八島ほか八隻が沈没、八隻の戦艦のバルチック艦隊に対し、日本の戦艦は四隻となりました。将兵たちの肩は落ち、床にくずれて男泣きに泣き伏しました。知らせを聞いた東郷は平然と「戦争だからそういうこともある」と答え、艦長らを一切とがめず、ただ「これから二人分働け」と励ましたのです。観戦武官として戦艦朝日に乗艦していたイギリス海軍のペケナム大佐の言葉です。

私は大惨事の翌日、戦艦朝日の見廻りに来られた東郷提督に弔辞を述べた。提督はなごやかに「ありがとう、ペケナムさん」と握手された。艦内の巡視は足固く踏み、胸正しく張り、温顔に威をたたえ、昨日の惨事の露《つゆ》一点も宿っていない。六百の将兵は、この提督に接して、しおれた草花が慈雨《じう》に会って一斉《いっせい》に頭を上げるように元気づいた。私は敗戦を勝利に導くのは、非常事態にも動《どう》じない大将の堂々とした態度であることを痛感した。


陸軍は五月はじめ、黒木為楨《ためもと》大将が率いる第一軍が、鴨緑江の戦いでロシア軍を破りました。この緒戦での勝利が大きかった。莫大《ばくだい》な戦費を賄《まかな》う外国債は、日本の完敗を予測していたイギリス、アメリカから買い手がつかなかったところ、この勝利で外国債が売れて軍費にメドがついたのです。

奥保鞏《やすかた》大将の第二軍は遼東半島、大連に近い南山要塞を一日で落とし、野津道貫《みちつら》大将の第四軍も、第一軍と第二軍の間を北上し連勝を続けます。

## 金州城外、斜陽に立つ

五十六才の乃木希典《のぎまれすけ》、二人の息子、長男の勝典《かつすけ》中尉と次男の保典《やすすけ》少尉は既に戦地に出ています。乃木は東京を立つとき妻の静子に「例え誰が先に死ぬにしてもすぐ葬式を出してはいかぬ。棺桶の三つ揃《そろ》うまで待て」と言い残し、第三軍司令官として戦地に向かいます。広島で船出を待っていた五月三十日、長男の勝典が南山の戦で戦死したことを知らされました。乃木は六月一日、遼東半島に上陸、翌日に勝典が戦死した大連北東の南山の戦場跡を巡視します。戦場は遺棄《いき》されたロシア兵の屍《しかばね》が腐臭を放ち、前方から第二軍の死傷者が続々と後送され、乃木らは馬を思うように進められません。ようやく南山の山頂に立った頃、夕日が荒涼とした戦場にさしこみ、乃木は次の詩を詠んでいます。

山川草木《さんせんそうもく》転《うた》た荒涼《こうりょう》
十里風腥《なまぐさ》し新戦場
征馬《せいば》前まず《すす》人語らず

金州城外斜陽に立つ

## 世界最強の要塞に挑《いど》む

問題は旅順に造られた要塞でした。明治三十一年にロシアが不法に旅順を占領して、六年間をかけて世界最強の要塞を造りあげていたのです。クロパトキン総司令官は「いかなる攻撃にも三年は耐えられる」と言い放っています。要塞は樹木のない百〜二百メートルの高さの山の斜面に、南北二十キロメートル以上にわたり、二重、三重の砦《とりで》で築かれ、一つの砦は正面百メートル、奥行七十メートル、コンクリートの厚み一〜二メートル、砦のまわりは幅六〜十メートル、深さ七〜九メートルの堀があり、堀の外側は地雷と電気鉄条網を張りめぐらし、四万七千の兵と六百門の大砲類で固められています。日清戦争では一日でこの旅順を落としており、日本軍の幹部はロシア軍を兵力一万五千、大砲類二百と読んでいました。実際は兵力も大砲類もこの三倍であり、加えて頑強な要塞の状況を軍幹部は把握《はあく》していません。

軍事的には、堅固な要塞を攻略するには、敵の数倍の兵士が必要で、犠牲者は敵の倍になる、とされています。乃木第三軍は五万の兵と三百門の砲で、六月下旬から七月下旬まで、ロシアの要塞の手前に塹壕《ざんごう》を掘って前衛陣地を攻撃します。弾よけがなく不利な戦いで、約七千の死傷者を出して前衛陣地を奪い、ロシア軍を要塞の中に追いこみます。

現地を知らない国内の新聞は早ければ二、三日、おそくとも一週間ぐらいで旅順は落ちると報道し、東京では提灯《ちょうちん》行列の準備と祝賀会の前売り券の発売が始まっています。

八月十九日から二十四日までの六日間、東側から旅順要塞を攻める第一回総攻撃を始めます。十九日早朝から二十日まで二百門余りが砲撃、二十一日午前四時、歩兵部隊が山頂のコンクリート砦に進撃、堀の側壁からの機関銃で死傷者が続出するも二十四日まで突撃につぐ突撃を敢行。ロシアの一将軍は後日、「日本が二十四日の明けがたに増援隊を出しておれば、要塞を放棄せざるを得なかった。現に軍では白旗を出すべく準備していた」と語っています。しかし、わが軍は二十四日までに砲弾を使いはたし、その後も弾薬の不足は深刻で本部に補充を要求するも、本部からの返事は「どうか旅順は肉弾でやってくれ。」

八月三十日、乃木は会議を開き、敵の砦に向って塹壕《ざんごう》を掘り進み、砦の手前五十から百メートルの地点に突撃陣地を作る作戦を指示、九月一日から突貫《とっかん》工事を始めます。十月二十六日、第二次総攻撃を開始。砲撃は二十九日まで続けられ三十日歩兵部隊が突撃陣地から進撃、しかし翌三十一日にはまたも砲弾が底をつき仕方なく攻撃は中止です。第二次総攻撃では二つの砦を奪取、日本軍の死傷者三千八百に対しロシアは四千五百の死傷者を出しています。

## 「乃木は責任をとれ」

乃木第三軍が二回の総攻撃で旅順を落せなかった事に、軍内部からも非難が上り山縣《やまがた》参謀総長は　明治天皇陛下に乃木の交代のお伺《うかが》いを立てます。乃木を見抜《みぬ》いて深くご信任されている　陛下は、ただ一言「乃木を代えたら、乃木は生きておらぬぞ」と仰せられ、山縣はかしこまって引き下がりました。

祝賀の提灯行列のローソクが足りないなどと騒いでいる世間の人々も、乃木は責任をとり切腹すべきだと、戦場の乃木の手元には辞職、切腹を求める手紙が二千四百余り殺到しています。十一月十七日の朝、乃木の妻、静子が自宅の窓を開けた時、一人の若い軍人が門前から静子をにらみ、どなったのです。

「乃木のノロマめ。兵隊を送ってやればかたっぱしから殺してしまう。もし真の武士なら、切腹するがよい。一体家族どもも何をぐずぐずしているのか。」静子は打ちひしがれ、ひっそりと三等車に乗り伊勢に向います。翌朝、伊勢の内宮に参り頭から水をかぶって身を清め、神前にひざまずき旅順陥落を祈願します。ひたすら祈りに祈り続け、しばらくして静かな心持ちになった静子に、しっかりとした声が聞こえてきたのです。

「汝の願いは叶《かな》えてやるが、最愛の二子は取り上げるぞ」

はっと我に返った静子は、さらに「二子だけでなく、私共夫婦のいのちを差し上げます。どうぞ旅順だけはとらせて下さいませ」と祈願したのです。後日、静子は「私の心願が神明に通じ、畏《かしこ》くも天照皇大神宮様がまさしく御神託《しんたく》を授《さず》け給うたものと確信しますと話しています。

長男の勝典は既に五月に戦死、第三軍に所属していた次男の保典はこの月の三十日、二〇三高地で戦死します。寺内正毅《まさたけ》陸相が乃木邸を訪れ保典の戦死を報告、静子は「よく死んでくれました。これで世間の母人方に申し訳が立ちます」と話し、寺内は慰めの言葉がでなかったと言われます。乃木も部下から次男の戦死を報告された時、こう答えています。「よく戦死してくれた。これで世間に申し訳が立つ。よく死んでくれた」と。

## 二〇三高地に立つ

十一月二十六日、第三回攻撃をかけます。ロシアも増援隊をくり出し砦を死守。午後九時前、目印のため全員白い襷《たすき》をかけた決死隊、白襷隊が銃剣と刀で敵陣に奇襲をかけます。ロシア軍は防戦したものの勇猛果敢な決死隊にどぎもをぬかれました。当時のロシア軍の記録の一部です。

数千の白襷隊は潮《うしお》のごとく要塞内に突入せり。総員こぞって密集隊……白襷を血染めにして抜刀の姿、形、われわれの顔色変わり、この瞬間、一種、言うべからざる感にうたれぬ。曰《いわ》く、屈服《くっぷく》。

戦闘の度に多大な犠牲者を出し、乃木の心労は極に達し、頬《ほお》はこけ髪も髭《ひげ》も真白になり、激戦の最中は眠らぬ夜も続きました。白襷隊の奇襲の翌日、二十七日から十二月五日までの九日間、旅順戦で最大規模の二〇三高地戦闘に入り、山頂は陣地を構えるロシア軍に午前十時半から二十八センチ砲を含む一斉砲撃を開始、午後六時すぎ山頂部に進軍し、十二月四日まで死闘が続きます。

態勢を立て直して、十二月五日、早朝から一斉砲撃、午前九時すぎ山頂西南部に突入、午前十時西南部頂上を占領。午後、山頂東北部へ突撃、二時二十分ごろ東北部一帯を制圧、午後八時半ロシアの増援隊の逆襲を撃退。ここでついにロシア軍は力尽《つ》き抗戦を断念、二〇三高地から退却を始めます。

二〇三高地を制圧した第三軍は直ちに観測所を設け、十二月六日から八日にかけ旅順湾のロシアの戦艦、巡洋艦を砲撃し、撃沈してついに太平洋艦隊を全滅させました。十一月二十六日から十二月六日までの第三回総攻撃、日本軍の総兵力六万四千、死傷者は二〇三高地での戦いでその大半をしめ一万七千。ロシア軍の総兵力四万七千のうち死傷者は四千五百を数えています。

海上から太平洋艦隊を湾内に封じ込め、二〇三高地からの第三軍の砲撃を援護した東郷は、十二月二十日、司令部の乃木を訪問します。東郷五十七才、乃木五十五才、静かに歩みより、たがいに一言「やあ」と言ったまま次の言葉は出てきません。出るのは二人の涙と涙です。

## 旅順、陥落す

二〇三高地を奪守し、太平洋艦隊を全滅させたため、松樹山、二龍山、東鶏冠山北の砦《とりで》の攻撃は、犠牲者を少なくする戦法、つまり地下道を砦の下まで掘り進み、大量の爆薬を爆発させて突入する作戦がとられました。十二月十八日、東鶏冠山北を爆発、第十一師団が突入し十時間の激闘の末、同日夜十二時前に砦を占領します。

十二月二十八日、同じ作戦で第九師団が突入し、十七時間の激戦で二龍山を奪取、十二月三十一日、第一師団が攻めてわずか三十分で松樹山を制圧。最後の目標は百八十五メートルの山頂にある望台と呼ぶ陣地で、この翌日、明治三十八年一月一日攻撃を始め、午後三時半にはこの陣地を奪取しています。

ロシア関東軍司令官のステッセル中将は、この時点で抗戦を断念し、この日に第三軍に降伏を申し入れました。クロパトキン陸相がどんな大敵でも三年はかかると豪語した旅順要塞を、多数の犠牲を出しながらも乃木第三軍は、約五ヶ月で落としたのです。

## 敵の戦死者を気遣う

ステッセルの降伏に際し、明治天皇陛下の聖旨《せいし》が、山縣参謀総長から乃木に伝達されます。

陛下は、将官ステッセルが祖国のため尽せし苦節をよくほめられ、敵将の名誉を保つよう望まれておられる。

乃木は津野田是重《これしげ》大尉を遣《つか》わし、聖旨をステッセルに伝えます。津野田はステッセルが野菜がなく困っている事などを報告、乃木は翌日ステッセルに鶏を三十羽、赤白のブドウ酒を各一ダース、二輛の軍用車に野菜を満載して贈りました。

一月五日、旅順要塞の北側、水師営《すいしえい》で乃木とステッセルがお互い数名の幹部と共に会見。降伏した側には帯剣させないのが世界の通例ですが、乃木はロシア軍将校に勲章をつけた軍服姿で剣も携《たずさ》える事を許しています。両軍共に死力を出し尽し、戦が終っては乃木とステッセルはその武勇をたたえ、なごやかに語ったのです。

昼食に入る前、乃木がたずねました。「さて当方面には貴軍戦没者の墳墓が散在している。私はこれを一つの地に集めて各々に標識を付してその所属、氏名を明らかにしたい。本件に関し他にご希望があれば承《うけたまわ》りたいものです」。

ステッセルの顔は驚きと喜びの表情に溢《あふ》れました。「閣下は実に死者のことまで気を配られるか。厚意に謝する言葉がありません。私が特に懇請《こんせい》するのは東鶏冠山北砦の西南方の小さな丘の上にあるコンドラチェンコ以下八名の墳墓を確実に保存せられたきことであります」。乃木はこれを快諾《かいだく》しています。

乃木とステッセルの水師営の会見は、勝者と敗者の区別なく、まるで同好会の集まりのような記念写真と共に伝えられ、乃木の礼節あるふるまいは世界の人々を感銘させました。

戦後ステッセルは、旅順開城の責任を問われ軍法会議で死刑の判決を受けています。これを知った乃木は、パリにいた津野田是重大尉に種々の資料を送りステッセルの弁護を依頼します。津野田はパリ、ロンドン、ベルリン等の有名新聞に投書し、ステッセルが最後まで勇猛果敢《ゆうもうかかん》に戦いぬいた事実、開城はいたずらに自軍の戦死者を増やさないためのものだと詳細に発表し、これが功を奏してステッセルは死罪を許されモスクワ郊外の農村で余生を送ります。乃木は獄舎を出たステッセルが生活困窮していると聞くと、名前を伏せて何度もお金を送っています。

後の話になりますが、乃木が夫人と共に　明治天皇陛下に殉死《じゅんし》した際、モスクワの一僧侶と記して多額の弔意金が送られてきました。送り主は「自分は乃木大将のような名将と戦って敗れたのだから悔《く》いはない」と晩年くり返し語っていたステッセルです。

## 最大で最後の陸戦、奉天会戦

旅順を失ったものの、ロシアは満州に強固な防御陣地を築き、旅順北方の奉天（現在の瀋陽）に約三十七万の兵と火砲約千二百門で布陣し、「単なる軍事的な散歩だよ」と豪語した総帥クロパトキンが、約二十五万の兵と火砲約千門の日本軍と対決します。奉天会戦は両軍合せて六十万の大軍が、東西百五十キロ、南北八十キロに及ぶ戦場で、日露戦争で最大で最後の陸戦でした。

明治三十八年二月二十一日、川村景明大将の鴨緑軍が進撃、黒木為楨大将の第一軍も加わり勢いがあったため、クロパトキンはそこに乃木軍がいると判断し、増援部隊を送りました。実際は乃木第三軍は北西に大きく回り込み背後から敵陣を突《つ》く作戦です。これにクロパトキンが気がついたのが三月一日、乃木を恐れたクロパトキンは前線からの退去を決断、九日の夕方、挟《はさ》み撃《う》ちを受けたロシア軍は総くずれとなり、三月十日、日本軍は奉天を制圧して、最大の陸戦に勝利します。クロパトキンは旅順を落した「乃木」に名前負けしていたのです。

奉天会戦で敗れたロシア軍は、奉天のさらに北方のハルビンに集結し、続々と援軍が鉄道で運ばれ、バルチック艦隊が日本艦隊を全滅させてからの攻撃に備え、待機しています。

## 日本海海戦──皇國の興廃この一戦にあり

明治三十八年五月二十七日、午後一時三十九分、ロジェストウェンスキー提督の率いるバルチック艦隊が対馬と壱岐の間を黒煙を上げて北上してくるのを、戦艦三笠の東郷も発見、大本営に打電します。

敵艦見ゆとの警報に接し、連合艦隊は直ちに出動しこれを撃滅せんとす。本日天気晴朗《せいろう》なれども波高し。

午後一時五十五分、三笠のマストに高々と信号旗が上ります。

皇國の興廃《こうはい》この一戦にあり。各員一層奮励《ふんれい》努力せよ。

東郷は参謀長の加藤友三郎少将、参謀の秋山真之《さねゆき》中佐、艦長の伊地知彦次郎大佐らと最後まで吹きさらしの艦橋に立ち続けて指揮をとります。午後二時二分、互いの距離は八千五百メートルと射程圏に入り、二時五分、距離は八千メートル。東郷は加藤参謀長をきっと見つめ、右手をまっすぐあげ、左下にふりおろした。加藤はすぐさま声高く命じた。「艦長、取舵《とりかじ》一杯」。

南から縦列で北上する艦隊に対して、大きく左に回転して東側に進め、という命令です。これが東郷の敵前回頭、丁字《ていじ》戦法で、ロシア軍は砲撃しやすいのに対し、日本軍は大砲の照準を合わせられず、転回が済むまでは砲撃できない危険があります。しかし、転回が済めば、各艦が敵の先頭艦を一斉に砲撃できる戦法です。二時八分、バルチック艦隊は船の横腹を見せた東郷の艦隊に猛烈な砲撃を始め、最初の三〜四分で三笠に打ち込まれた砲弾は大小三百発。

東郷は七千メートル以内に入らなければ砲撃の効果が上らない事を読んでおり太平洋艦隊との戦でロシアの砲撃能力を把握した上での丁字戦法だったのです。二時十一分、距離は六千四百メートル、東郷は砲撃を命じます。実戦訓練で東郷艦隊の命中精度は高く、午後三時すぎ旗艦スワロフは大破、夕方七時頃までに三隻の戦艦を撃沈しています。午後七時半からは、水雷戦隊が出動し、駆逐《くちく》艦と水雷艇が敵艦の三〜四百メートルまで近づき、魚雷攻撃を行って、この日敵戦艦八隻のうち五隻を沈め、バルチック艦隊に壊滅的な打撃を与えました。

翌二十八日、ちりぢりになってウラジオストックへ逃げ込もうとする敵艦を撃沈あるいは降伏させ、二日間にわたる海戦でロシアの軍艦はすべて撃沈するか日本に捕獲され、バルチック艦隊は全滅したのです。ロジェストウェンスキー提督を含む六千五百名が捕虜《ほりょ》となり、戦死者は五千名。東郷艦隊は水雷艇三隻が沈没したほかは全艦が健在で、死者は百十七名です。

当時、白人の有色人種に対する偏見は強烈で、猿の一種と思われていた日本人が、白人の雄の一つのロシアを破った……世界が驚き、波紋が広がりました。

イギリスに占領されて五〇年、インドの独立初代首相となったネールの話です。

アジアを隷属化するヨーロッパの侵略に対し、日本はアジアの決意の象徴のごとく起《お》き上がった。この感激から、やがてインドも独立し他のアジア民族を助けてヨーロッパの束縛《そくばく》から解放するという自覚を抱いた。この時以来、私は日本に対し常に大きな尊敬を払うようになった。

トルコ、エジプト、ポーランド、フィンランドなどでも日本の勝利に感激し、民族独立運動がまきおこりました。もし日本が敗けていれば、日本はもちろん、支那は北部をロシアに、南部をイギリス、ドイツ、フランスに取られ、朝鮮半島もロシアに占領され、アジアの地図は塗り代えられて、世界地図に日本の国名すら残らなかったでしょう。日露戦争は、アジアを守り、抑圧された国々に独立の勇気を与えた世界史に輝く戦でありました。

ところで、ロシア海軍は全滅したものの奉天に集結していたロシア陸軍はなお強大な戦力があり、対する日本は奉天会戦が終る頃には陸軍の戦力はほぼ限界に達していました。小村外相は、アメリカのルーズベルト大統領に講和の勧告を要請し、明治三十八年九月五日、ワシントンの北の軍港、ポーツマスで日露講和条約が調印され、戦争の終結にこぎつけました。

## 両雄の凱旋

東郷は全艦隊を率いて横浜に向います。その途中の十月十七日、伊勢湾に停泊し伊勢神宮に参拝します。海戦の勝利は天の御中主の神に始まる　天皇の祖先の御神霊と天皇陛下の御稜威《みいつ》によるとしていた東郷は皇祖　天照大御神に先ず拝礼をしました。そして皇居では　明治天皇が「空前の偉業」と褒《ほ》めたたえられその労苦をあつくねぎらわれました。乃木は年が明けた一月十四日、第三軍幹部と共に新橋駅に到着。人々は「一人息子と泣いてはすまぬ。二人亡くした方もある」と言って、一番多くの犠牲者を出した第三軍の親たちも万歳を叫び、乃木を称《たた》えました。

天皇陛下に戦の詳細を上奏したあと、乃木希典《まれすけ》は陛下に申し上げました。

臣《しん》希典不肖《ふしょう》（おろか）にして　陛下の忠良なる将校士卒を多く旅順に失い申す。この上はただ割腹《かっぷく》して罪を　陛下に謝し奉《たてまつ》らん。

しばらく無言でおられた　陛下は、乃木が御前を退出しようとした時、おもむろにおおせになりました。

卿《けい》が割腹して朕に謝せんとの衷情《ちゅうじょう》は、朕よくこれを知る。しかれども今は卿の死すべき時にあらず。卿もし強いて死せんとするならば、朕世を去りたる後にせよ。

## 乃木、夫人と共に殉死

天皇陛下は、明治四十年に五十九才の乃木を学習院院長に任命されました。乃木は自分はただの軍人であるが、教育も至誠をもって人に接することに変わりはないとして、人を教ゆるに、行いをもってし、言をもってせず、事をもってし、理をもってせず、との信念で院長に着任しました。

翌年には後に昭和天皇となられる裕仁親王《ひろひとしんのう》が入学され、親王は乃木を慕《した》われ「院長閣下」と呼んでおられました。制服やくつ下が破けて女官が新品ととり代えようとすると、「院長閣下が穴のあいている着物は着てはいけないが、つぎのあたったのを着るのはちっとも恥ではない、とおっしゃったから、穴のあいたのはつぎをあてておくれ」と言われています。

乃木は親王に勤勉と質素を教えられ、子弟に次の言葉を残しています。

人は愚かなもので幸福に馴《な》れると幸福を忘れ、富貴《ふうき》に馴《な》れると富貴を忘れるものじゃ。高潔なる国土、連綿《れんめん》たる皇統《こうとう》のもとに生を享《う》けても、その国土、その大愛に馴《な》れると自主独往《どくおう》すべき根本精神を忘却《ぼうきゃく》し、いたずらに付和雷同《ふわらいどう》して卑屈《ひくつ》な人間と堕《だ》する者が頻々《ひんぴん》として続出する。これが国家存立の一大危機というものじゃ。

乃木は自ら質素にして、戦死兵遺族への弔慰、負傷者の慰問に回り、俸給《ほうきゅう》の大半を遺族や負傷兵に生活費や医療費として差し出しています。また、長野に出かけた時、予定外に長野師範《しはん》学校に呼ばれ、校長は講演を依頼します。乃木は辞退するのですが校長から懇願された乃木はその場に立ったまま全生徒に、「諸君、私は諸君の兄弟を多く殺した乃木であります」と一言いって頭を垂《た》れ、頬《ほほ》をつたう涙をハンカチでぬぐい嗚咽《おえつ》した話も残されています。

明治四十五年七月三十日　明治天皇が崩御《ほうぎょ》され、九月十三日の御大葬の日まで、乃木は朝夕に参内して　天皇の殯宮《ひんきゅう》（大葬まで棺を安置する宮社）に拝礼します。九月十日、乃木は裕仁親王に、自ら愛読した山鹿素行の「中朝事実」に、朱点を入れて献上しました。東郷や山縣らとも会って心の中で別れを告げた乃木は、十二日の夜、遺書と辞世の句を書いています。

うつし世を　神去《さ》りましし　大君の　みあとしたひて　我はゆくなり

翌十三日　明治天皇、大喪の礼の号砲が打たれた午後八時すぎ、乃木は　明治天皇のみあとを慕い、自宅にて古式に則《のっと》り切腹し殉死した。このとき妻の静子も死をともにしている。伊勢神宮に祈願参拝した時の　天照大御神への誓いを守ったのである。夫妻の葬儀の日、乃木の棺のあとに続く夫人の霊柩車を、沿道数十万の人々はことごとく涙し嗚咽《おえつ》して見送った。

明治という時代が、幾多の英傑を生んだのでしょうか、幾多の英傑が明治を創りあげたのでしょうか。乃木夫妻の自決と共に明治が終ります。

## 明治天皇御製

明治天皇陛下が元年に五箇條の御誓文を立て賜れたその翌月、楠木正成並びに一族を奉祀する神社の創建を命じられ、ゆかりの神戸、湊川に明治五年五月二十四日湊川神社が開かれました。陛下の御製です。

仇浪《あだなみ》を　ふせぎし人は　みなと川　神となりてぞ　世を守るらん

陛下は明治十九年、帝国大学に行幸《ぎょうこう》された時、道徳と国学の授業がない事を厳しく指摘され、明治二十三年には教育勅語を出され国民教育の大道を示されました。明治二十四年五月、来日中のロシアのニコライ皇太子が暴漢に刺され、ロシアの軍隊が攻めてくると日本が蒼《あお》ざめた時、国民を代表して皇太子を見舞われました。

陛下の無我の祈り、ご仁徳と、国民の忠誠が相和《あいわ》して、世界に雄飛した明治がありました。

明治四十五年七月二十日　陛下の御容態が急であることが発表され、皇居前広場には毎日何万人もの人々が玉砂利に額《ぬかづ》き、御平癒《へいゆ》を祈りましたが、七月三十日午前四時十三分、崩御されました。

歌われた十万首の和歌は日露戦争のさなかに最も沢山詠《よ》まれています。

はからずも　夜をふかしけり　くにのため　いのちをすてし　人をかぞへて

寝覚して　まづこそ思へ　つはものの　たむろの寒さ　いかゞあらむと

世と共に　かたりつたへよ　国のため　いのちをすてし　人のいさをは

わがこゝろ　千里の道を　いつこゑて　軍《いくさ》の場《にわ》を　ゆめにみつらむ

國のため　斃《たふ》れし人を　惜《お》しむにも　おもふはおやの　こころなりけり

# 第七章　大東亜戦争への道

## 不文の伝統

明治天皇が崩御され、第百二十三代　大正天皇が即位されます。日本の　天皇には推古天皇を始め八方《はちかた》の女性天皇がおられますが、八方とも　天皇の血筋を引かれており神武天皇から現在の　今上《きんじょう》天皇へと、百二十五代にわたって男系一系の血統でつながっているのは、世界に例を見ません。日本の　天皇陛下はわれわれの誇りです。

男系一系は不文の伝統によるもので　天皇陛下には姓がないのも皇室の特質です。一方、女系の王位継承を認めている海外の王国では事情が違ってきます。例えばイギリスでは国王の息子と娘の家系には、外国人であっても王位継承権があります。十四世紀、イギリスの王室にフランスの王女が嫁ぎ子供が生れました。しかし王女の実家のフランスの王室には王位継承者がいません。そこでイギリスは女系の権利に基《もと》づいて王女が生んだ子をフランスの王位につけるようフランスに要求します。女系の王位継承を認めていなかったフランスはこれを拒否したため、イギリスはフランスに攻め入り百六十年に及ぶ全面戦争となり、ペストの流行もあってフランスの人口は三分の一になったとされています。

この戦争の直後、イギリスでは男系によって王位継承していたランカスター家と女系王位を主張するヨーク家が対立し内戦となり、有力貴族を巻き込んで三十年にもわたる戦いが続きました。日本には皇位の継承をめぐり、このような戦乱は一度もありません。

## 日本人の移民を排除

日清戦争に勝利した時、日本は列強から三国干渉を受けました。日露戦争に勝利すると、今度はアメリカが日本に干渉します。明治三十一年にハワイ、グァム、フィリピンを手にいれたアメリカの次の獲得目標は満州で、そこに権益を持つ日本は邪魔ものとなりました。新聞王・ハーストは紙面で日本を悪言罵倒《ばとう》し、反日運動をあおります。

明治三十九年十月、サンフランシスコの教育委員会が日本人学童を公立小学校から隔離して、東洋人学校に通わせる決議をしています。海軍のマハン提督は「もし日本がさらに移民を要求するなら、戦争をする事になる」と叫びたてました。

移民の拒否は甚《はなは》だしい屈辱であり、戦争を起こす大義名分となるため、明治四十年十二月、アメリカはコネチカット、カンザス、ミネソタ、バーモント、ルイジアナなど日本の連合艦隊の二倍以上にあたる十六隻の戦艦を友好を名目として日本近海に出撃させ、日本を威嚇《いかく》しています。

明治四十一年の日本人移民の総数は十万三千人で、米国への帰化は認められなかった。大正二年には移民した日本人の市民権と土地所有権も奪われている。白人の有色人種に対する偏見と差別はすさまじいもので、かつてアメリカ人は黒人を「生きた道具」と呼び、イギリス人は日本人を猿の一種と思っていました。アメリカのメジャーリーグで黒人選手が野球ができるようになったのも、大東亜戦争から後のことである。

大正九年には国際連盟の設立にあたり、日本は人種差別撤廃法案を上程、賛成は十七にも達して、アメリカ、イギリスを含む反対十一を大きく上まわったものの委員長のウイルソン米大統領が、重要案件は全員一致でなければ、と強引に不採択とし切り捨てている。そして大正十三年、排日移民法が連邦議会で可決され、移民で成り立つアメリカが日本人の移民を締め出した。

## 日本の朝鮮統治

明治三十八年九月の日露講和条約に伴い、明治四十三（二五七〇）年、「韓国併合に関する条約」が大韓帝国の首相・李完用《りかんよう》と日本の統監・寺内正毅《まさたけ》によって結ばれます。韓国の加耶《かや》大学客員教授、崔基鎬《チェケイホ》氏は平成十六年九月に出版した「歴史再検証　日韓併合」で次のように述べています。

一、二五六六年の伊藤博文統監の就任から併合までに日本の資金で作られた学校一〇〇校以上を含め、二五七〇年の併合当時は百数十校しかなかった学校が、二六〇四年には五二一三校、生徒数は二百三十九万八千人を数え、義務教育が普及していった。

一、李朝時代には漢字尊重のため軽視されていた朝鮮文字ハングルを、必須科目として普及させたのは日本の総督府であり、二五八四年には京城《けいじょう》帝国大学が創立された。ちなみに日本の大阪帝国大学の創立はその七年後の二五九一年である。

一、日本は二六〇五年の大東亜戦争の敗戦の日まで鉄道の拡張を続け、その総延長六六三二キロ、駅の数は七六二、従業員は一〇万五二七名に達した。
一、二五七〇～二六〇四の朝鮮に対する日本の投資額は少なく見積っても二〇億七千八九二万円にのぼる。戦前の一円が現在の一万円に相当すると計算すると、日本は約二十兆七八九二億円という莫大な金額を、韓国、北朝鮮に投資したことになる。
一、二五七〇年、併合時の朝鮮の人口一千三一三万人に対して、二六〇二年の人口は二千五五三万人で倍近くに増えた。
一、日本は発電、工業化などのインフラ整備を進め、北朝鮮の水豊ダム、興南窒素《こうなんちっそ》肥料工場などを建設し北朝鮮を工業国として発展させた。
一、たとえば北海道札幌の三菱手稲《ていね》鉱業所の約一〇〇〇名の鉱夫募集に対し、忠清《チュンチョン》南道《ナンド》からは約七〇〇〇名の応募があった。待遇は一般事務職より約三倍程度の給与で、独身者には無料の寮、世帯持ちには一戸建の平屋住宅が提供され、その朝鮮人鉱夫は本国及び札幌の未婚女性たちの結婚相手として人気があった。

以上は二百十五ページに及ぶ本の一部ですが、治山治水のための植林や農業の振興や道路整備も進み、そして氏は次のように書いています。「日本が〝働かざる者、食うべからず〟という勤労精神を植えつけたことは、李朝五〇〇余年、不労所得層が農民を支配し、『労働とはもっとも軽蔑《けいべつ》するもの』と教えこまれてきた朝鮮住民にとって、精神的な大革命であり、ルネッサンスでもあった」。

　同時に氏は、日清戦争以後に日本が統治していた台湾にも触《ふ》れ、李登輝《りとうき》前台湾総統の言葉を紹介しています。

> 台湾人は、今でも日本の方々を非常に尊敬しています。それは日本人が鉄道や電信網を整備し、銀行、金融制度などを作り上げたということ以上に、日本人の精神にこそ感服しているのです。……嘉南大圳《かなんたいしゅう》十五万町歩を潤《うるお》す灌漑《かんがい》土木事業を完成させた八田與一《はったよいち》先生は、今でも台湾の六十万の農民から神さまのように慕われています。八田先生をはじめ台湾に尽した日本人の精神の一つは、公に奉ずる精神であり、二つ目は、仕事に対する熱心さが社会的正義感に基づいている点です。そして三つ目は、誠の精神です。すなわち、口先でなく真心をもって必ず実行することです。これがほかの国には絶対にない日本の精神です。

## 君達と一緒にぬれようではないか

大正天皇がご病気のため、大正十年十一月、二十歳の　皇太子殿下　裕仁《ひろひと》親王が摂政につかれます。　裕仁親王は十三歳から十九歳まで、高輪《たかなわ》の東宮学問所で学ばれていました。倫理担当の杉浦重剛《しげたけ》の「君徳（　天皇の徳）とは？」の問いに、聖徳太子が碑文に残された「日月私照なし」と答えられます。これは「お日さまも、お月さまも決して自分さえ良ければという心はない。どんな人にも同じように、あたたかな光、あかるい光を与えてくれる。　天皇はいつもそのようではなければならない」という意味です。

歴史の担当は白鳥庫吉博士です。「　仁徳天皇は高津宮《たかつのみや》の高殿から人々の家の炊事場から出る煙が少ないのを御覧になって、あらゆる税を三年間取りやめるよう言われた。人々が食べる米がなくなったのはなぜか」と生徒に問います。「天候不順のため」などの答えが返ってくる中、確かな歴史認識をもたれた　皇太子殿下は「百済の要請に応じ神功皇后の朝鮮への遠征の出費で、当時の国力が衰えていたからです」と答えておられます。

大正十五年十一月二十五日　大正天皇が崩御され　裕仁親王が第百二十四代　天皇の御位につかれました。　昭和天皇即位の儀式は、昭和三年の秋、京都御所紫宸殿《ししんでん》で行なわれ、十二月十五日、宮城前で奉祝行事が行なわれました。この日は朝から身を切るような冷たい風と横なぐりの強い雨が降る中、八万人の学生、青年団員が陛下の前を行進してのお祝いです。

天皇陛下がお立ちになるところにはテントが張られていたのですが、「みなが雨の中をずぶぬれで行進するのだから」と陛下はテントを取り除くよう命じられました。学生たちは「　天皇は、君達と一緒にぬれようではないか、とおおせられたのだ」と、次々に着ていた雨ガッパを脱ぎました。

それに気づかれた陛下はご自身のマントを後ろに脱ぎ捨てられたのです。ひとつひとつの団体に答礼されて一時間二十分、濡《ぬ》れたお立ち台には　陛下の靴の跡がきちんとそろって残されていました。青年たちにあたたかい光を与えられた　陛下と共に昭和が始まります。

## 満州の国づくり

大正八年にモスクワで結成されたコミンテルンは、世界の共産主義化を画策《かくさく》し、大正十年にはシナ共産党が結成されています。一方、共産党を倒したかった蒋介石《しょうかいせき》は、昭和元年から軍閥が割拠する北京に向って北伐を開始して、昭和三年には北京を制圧していきます。この蒋介石の北伐軍にコミンテルンが潜入し、蒋介石を巧《たく》みに利用していきます。つまり昭和二年、コミンテルンの指令で蒋介石の北伐軍に混入した共産分子は何と南京の日、英、米の領事館や居留民を襲ったのです。戦火を拡大させないため無抵抗を守った日本領事館は一物も残さず略奪された上にさらに、領事を始め避難していた日本人居留民に暴行と凌辱《りょうじょく》の限りを加えた。暴虐に反撃しなければ、侮《あなど》ってさらに暴虐の限りを尽すのがシナ人の習性で、広域な地域で略奪、強姦、暴行事件を続けます。

山東省の済南で起ったシナ人による日本居留民の暴行現場を調べた佐々木到一中佐は

「眼球は抉《えぐ》りとられ、皮をはぎ、内臓を引き出し、男根は切りとられ、婦女はすべて陰部に棒が挿入されてある。ある者は焼かれ半ば骸骨《がいこつ》となっていた。焼け残りの白足袋《たび》で日本婦人とわかったような始末である」と記しています。

奉天、現在の瀋陽を拠点とした軍閥の張作霖《ちょうさくりん》は、北京を制圧した蔣介石に破れ、昭和三年、列車で奉天に戻る途中で爆殺された。この爆殺は、後に公開された旧ソ連の外交文書には、張作霖ともめていたコミンテルンが実行したと書かれている。

ポーツマス条約により南満州鉄道の警備と、満州に居住する朝鮮人と日本人百二十万人を守る日本軍は一万人。これに対して父親の爆殺は日本軍による、とコミンテルンに吹き込まれた息子の張学良《ちょうがくりょう》は、二十六万の兵をもって昨日まで父親の敵であった蔣介石と手を結び、日本と敵対します。

昭和六年の満州事変で、日本軍は数で勝る相手軍を満州から追い出し、この後、昭和八年五月二十一日には塘沽《たんくう》停戦協定が結ばれ、非武装地帯が設置され双方が撤退しました。この塘沽協定で、シナは事実上、満州国を承認したことになります。

当時の満州は、ポーツマス条約によって日本が統治し、明治四十一年から日本は多額の投資をして、満州の国づくりを続けています。昭和三年、米国モルガン財団のラモントはオールズ国務長官に次のように報告しています。

「満州は全支那《シナ》で殆《ほと》んど唯一の安定した地域である。無秩序な戦争状態が支那全土で広がる中で、軍閥の略奪と暴行から逃れるために、何千人という単位で南満州へ流れこんでいる」。

日本の統治政策で治安が良くなった満州にはこの頃から毎年一〇〇万人のシナ人が移住し、昭和五年の満州の人口は、満蒙《まんもう》人が三〇〇万人、朝鮮人が一〇〇万人、シナ人が二六〇〇万人、日本人が二十三万人の三千万余りですが、昭和二十年には総人口は五千万人にも増加しています。

日本は莫大《ばくだい》な資金を投じ、昭和の始めには鉄道は一・八倍、耕地は一・七倍と伸び、道路、鉄道、橋の建設も進んでいます。豊満ダム、大連発電所、鞍山製鉄所などを建設し、大学、図書館、博物館、病院、学校を建て、生活や教育水準を日本国内と同じ水準に高めようとしていました。欧米がアジア、アフリカの植民地支配で、植民地に学校を作った例はありません。現地人の人口が増えた例もありません。

皇紀二五六一年、国家として成立したオーストラリア（イギリスの植民地）では二十万とも百万ともいたとされる先住民、アボリジニは、約四十年後の皇紀二六〇二年には二万人に激減しています。この事実と、日本が統治した満州の昭和五年の三千万の人口が、四十年の間に五千万人に増えた事実を確認しておきたい。日本の統治は他国に対する収奪とか侵略の意図は全くないこと、朝鮮、台湾でもしてきたように日本国民の血税を使って現地の教育、産業、生活水準の向上を目的とした統治をしており、この事は欧米の植民地支配と全く異なっているところです。

満州の六つの省は地方が南京政府からの独立を宣言し、シナ内戦の戦火を満州にまで延焼させない、という「保境安民《ほきょうあんみん》」の理念でシナ人だけの官僚によって満州国が建国された。一連の満州事変で国際連盟が送ったリットン調査団は、「これはある国が隣の国へ攻め込んだというような簡単な侵略とは言えない」と結論しています。一行の六名は調査後、鉄道で朝鮮経由で来日しています。途中、京城駅に降りた一行は近代化が始まろうとしている朝鮮を見て驚きました。一人は日記に次のように記しています。

日本という国は恐ろしい。あの朝鮮をまたたく間に近代化一歩手前にした日本人。この日本人をこのまま生かしておけば我々は間もなく世界中にある全ての植民地を失うであろう。

オランダはインドネシアの植民地経営の収入で国家予算の三分の一をまかなっていました。イギリスが植民地としたインドから奪いとった富は、当時のイギリス国家予算の半分です。欧米は植民地から富を搾《しぼ》りとったのです。

ところが日本はそれと全く逆をしています。つまり、莫大な国家予算を、統治管理した台湾、朝鮮、満州に投入しました。そして治安を守り、農業と産業を発展させました。小学校や大学を建て、図書館から博物館まで建設し、治安、経済、生活、文化を日本と同じ水準に高めようとしたのです。欧米の植民地支配とは正反対の統治をしたのが事実です。

満州に人口が増えたのも、治安が良くなり、食べものが豊富にあり、経済が発展して生活が安定したからです。日本がそのような統治をした事には二つの理由があります。

一つは、欧米から日本は劣った民族であるとの偏見《へんけん》が強かったため、日本の誠意を形にして世界に示すためであり、もう一つは東アジアの自立と繁栄が東アジア全体の活性化にもつながる、と考えていた事によります。

リットン調査団の団員は「日本は恐ろしい」と書いています。そうではない。恐ろしいのは欧米の植民地支配のほうで、日本には植民地を支配して搾《しぼ》りとる、という考えが全くなかった、それだけの話なのです。

## アメリカの宣戦布告なき開戦

ソビエト・コミンテルンは蒋介石を利用する策略を続けます。蒋介石の国民党軍に追われているシナ共産党の毛沢東《もうたくとう》を援護するため、日本の軍隊を誘《さそ》いこんで国民党軍と戦わせることを画策していました。そのため昭和七年一月、ソビエト政府はシナ共産党中央委員会と共同で日本に対する宣戦布告の電報を発しています。

昭和九年、蒋介石の国民党軍八十万は北伐を始め、わずか十五万の共産党軍を攻略し、共産党は北京の南西七二〇キロの延安に敗走しました。あと一歩で共産党を駆逐《くちく》できていた蒋介石は、昭和十一年、張学良によって延安南方二四〇キロの西安で監禁され死刑を免《まぬが》れる条件として、国民党と共産党が合体して日本と戦うことを、強いられてしまいました。共産党の戦略、つまり日本と蒋介石を戦わせて、両者が弱ったところで全土を奪うシナリオができたのです。その翌年の昭和十二年七月七日、義和団事件の議定書の規定によって駐屯《ちゅうとん》し、シナの了解《りょうかい》を得て日本軍は北京郊外の盧溝橋《ろこうきょう》で空砲で夜間演習していました。そこに、シナから発砲があり、その後もシナの挑発が続きました。この発砲についてシナ共産党の劉少奇《りゅうしょうき》が、終戦後の西側記者との記者会見で「盧溝橋の仕掛け人は中国共産党で、現地指揮者はこの俺だった」と証言しています。当時盧溝橋にいた日本軍は五六〇〇人、これに対しシナ軍は十五万人、日本軍が戦闘を起こす状態ではありません。

　コミンテルンは、昭和十二年七月に共産党に「日支全面戦争に導け」と命令し、七月二十六日、北京城内に帰還する日本軍を銃撃、二十九日には通州事件が起っています。通州は北京の北東十二キロにある町で、日本人居留民の安全を守るシナ人の保安隊が、日本軍の留守の間に日本人一一七名、朝鮮人一〇六名を虐殺した。目撃者の記録は次のとおりです。

日本人が経営する飲食店では、一家が首と両手を切断され、十四、五才以上の女性は全て強姦されていた。旭軒という飲食店では、七、八名の女が全て裸にされ強姦、射刺殺され、陰部にはほうきを差し込んである者、口の中に砂を押し込んである者、腹部を縦に割ってある者など見るに耐えなかった。東門の近くの池には首を電線で縛《しば》り、両手に太い針金を通し一家六人を数珠《じゅず》つなぎにして引き回された死体が浮んでおり、池の水は真っ赤になっていた。各家を調べると鼻に牛のごとく針金を通された子供、片腕を切り取られた老婆、腹部を銃剣で刺された妊婦などがごみ箱や塀の陰から出てきた。

盧溝橋のシナ側からの発砲に対して、日本軍は応射せず、三週間の戦闘不拡大方針で事態を注視したものの、コミンテルンの命令によるシナ側の攻撃が続いたため、日本はシナの要望を受けいれるべく日華交渉を開始。ところが交渉が始まった時、蔣介石は上海で新たな戦闘を始めます。交渉が始まった昭和十二年八月九日、上海では大山勇夫海軍中尉が運転手の斎藤要蔵一等水兵と共に、シナ保安隊によって三十発以上の銃弾を撃ちこまれて死亡する事件が発生し、この交渉は中止されました。蔣介石は同じ八月十三日から十四日にかけてシナ人もいる上海の歓楽街への無差別爆撃をかけ、イギリス人が経営するキャセイホテルとパレスホテルでは二百数十名を死亡させ、日本の軍艦にも空爆を加えてきました。交渉は通用せず、日本はいつも攻撃されていました。

当時、国民党軍は五万という大軍であったのに対し、日本側は海軍陸戦隊がたった二千。上海に居住していた三万の日本人の生命を守るため、日本も陸軍を派遣しなければなりませんでした。

張作霖の爆殺、満州事変、盧溝橋事件、上海事変へと、日本軍は常にシナ側の軍事挑発に対処し、大量虐殺から日本人の生命を守る保安行動をしており、日本側から仕掛けた戦闘行為はありません。そして南京を制圧すればこの泥沼の戦いに終止符が打てると判断した日本は、十二月十三日に南京に入城します。ところが、蔣介石は南京の西方千二百キロの重慶に政府を移し、さらに重慶政府から汪兆銘《おうちょうめい》が離脱して南京政府を樹立。シナに重慶、南京、延安の三政府が生れ、三つ巴《みどもえ》の内戦が始まりました。

ここで、満州への権益を狙うアメリカはイギリスと協力し、ビルマ（今のミャンマー）や仏領インドシナ（今のベトナムなど）から山岳地帯をぬけ北の重慶に続く道路を建設し、蔣介石に軍事物資を限りなく送り続けていました。

アメリカの日本叩《たた》きは年を追うごとに激しくなり、昭和十四年には日米通商航海条約の終結を通告してきました。石油の備蓄が二年分程しかない日本にとって、これは死活問題で、昭和十六年、インドネシアを領有するオランダとの石油輸入交渉をするも、これを封じられ、日本は崖《がけ》っぷちに追いこまれました。この年の四月には、ルーズベルトは「フライング・タイガース」という正規軍人で構成された航空隊をシナ戦線に派遣して、日本軍を攻撃しています。これは明らかに宣戦布告なき開戦であり、大東亜戦争は事実上この時から始まっています。さらに七月二十三日シナ本土から五百機の戦闘機と爆撃機による大阪、神戸、東京、横浜の空襲計画を、ルーズベルト大統領は署名して承認していました。この計画はヨーロッパ戦線へアメリカ空軍を援軍に出すため中止されたもののすでにアメリカは戦時態勢に入っていたのです。

## デッチあげられた南京大虐殺

平成二十一年七月、日本を訪問した在外ウイグル人組織「世界ウイグル会議」のラビア・カーディル議長は、「七月五日のウイグル自治区ウルムチのデモで一九七人が死亡し、デモに参加した約一万人がウルムチから消え去った」と訴えました。かつてシルクロードで栄えたウイグル自治区の楼蘭《ろうらん》周辺では昭和三十九年から平成八年までに四十六回の核実験が行われ、死者は二十万とも言われています。昭和六十四年（平成元年）六月四日の民主化を訴えた学生のデモで、中共（中華人民共和国）は自国の青年を数万人殺したとされ、この天安門事件の情報を中共政府は現在でも完全に封印しています。

こんな国柄だからこそ、日本軍が南京に入城して三十万とか四十万人のシナ人を虐殺した、と言えるのでしょう。虐殺がなかったと言い切る根拠があります。

一、南京は全周を城壁と堀で囲まれた、東西八キロ、南北九キロ程の変形丁字《ていじ》形の町で、十七程の門がある。英、米、独、日本の大使館もあり、ここで三十万も殺されたなら街中が死体の山となる。ところが外国人記者を含め、日本の記者も死体も血も見ていない。銃声も聞いていない。

一、南京大虐殺がなかったことは、シナの要人が一番よく知っている。日本軍が南京に入城した次の年、昭和十三年五月末から毛沢東は「日本と国民党軍を思いっきり戦わせ、国民党軍を疲弊《ひへい》させせろ」という持久戦論を九日間連続で講義している。この中で「日本軍は南京で皆殺しの殲滅《せんめつ》に出なかったから戦略的に拙《まず》かった」と分析し、南京大虐殺そのものの存在を否定している。

一、南京大虐殺が事実なら、自国民が不法に殺害された事を世界に公表するのが国民党中央宣伝部の当然の責務である。ところが南京陥落前の十二月一日から翌年十月二十四日までの国民党中央宣伝部の三百回にわたる記者会見において、一度も大虐殺の発表はなかった。

一、市長は南京に残留していた市民二十万に命令し、米英独人など十五人が管理する「国際安全区」に移住させており、日本軍は入城と同時に安全区の四方に歩哨《ほしょう》を立て手厚く保護した。二十万市民が安全であったことに対し、ラーベ委員長は日本軍に感謝の書簡を出している。

一、二十万の市民は、翌月には二十五万に増加した旨、国際委員会は公表している。

一、天安門事件の時のように、人権にやかましい欧米のマスコミや政府が南京のことを全く取りあげていない。

当時日本の兵隊がおばあちゃんを殴ったような事でも外電が打たれた時代に、南京で大虐殺があったとする日本政府への抗議は一度もなかったのです。南京大虐殺という言葉が歩き出したのは戦後の東京裁判の頃からで、何が何でも日本を悪者に陥《おとしい》れようとする策謀です。

南京の屠殺《とさつ》記念館には、虐殺《ぎゃくさつ》を証明するという写真が展示されています。多くの研究者が詳細な調査を行った結果、これらの写真には南京を撮影したものは一枚も見つかっていません。すべて演出と偽造合成か、全く別の現場の写真です。

平成二十年五月、胡錦涛《こきんとう》中共国家主席にあてたこれらを内容とする南京大虐殺の公開質問状に、主席の返答はいまだに出されていません。南京に屠殺記念館でにせの証明写真を展示している手前南京大虐殺はなかった、とは返答できないのです。

# 第八章　アジアの植民地を解放した日本

## 蜘蛛《くも》の糸

蜘蛛の巣にかかった虫が、もがけばもがく程、蜘蛛に糸でぐるぐる巻きにされるように、昭和十五年から日本は米国という蜘蛛の巣にかかった虫であった。この一月には日米通商航海条約が失効し、両国は無条約時代に入った。七月、フランスのアンリ駐日大使と松岡外相が協定を結び、フランス領であった今の北部ベトナムに若干の日本部隊が進駐した。米、英から蒋介石への軍事物資の調達ルートを遮断《しゃだん》するためである。

九月、米国の支那事変と独英戦争への参戦を防止する目的で、日独伊三国同盟を締結すると、米国は鉄鋼、くず鉄の対日禁輸処置に出た。昭和十六年四月、アメリカは民間機を装った百機の戦闘機隊、フライング・タイガースをシナに派遣して日本軍への攻撃を始めた。先に戦争を始めたのはアメリカである。

この頃のアメリカ、ルーズベルト政権の側近はコミンテルンで固められていた。この年、ドイツは西からソ連に侵攻を始めた。さらに東から日本がソ連を攻撃すれば、ソ連は危機に直面する。そのソ連を助けるため、米国は在米日本金融資産を凍結し、航空機用ガソリン、石油など主要物資の全面的な禁輸を行った。在米資産凍結令で日本経済は破綻に追いこまれ、石油を含むあらゆる戦略物質が調達できなくなった。

これで、日本は二年後には備蓄した石油がなくなって国の機能が完全に停止に到るという余命二年が宣告された。圧倒的な軍備と軍事物資に勝る米国と戦うも亡国、戦わずとも余命二年という局面に追い込まれたものの、御前会議で　天皇陛下は　明治天皇の御製「四方《よも》の海　みな同胞《はらから》と思ふ世に　など波風の　立ち騒ぐらむ」を二度、朗詠され平和の維持を強く望まれた。

十月十七日に成立した東条内閣は、最大の譲歩案、甲案と甲案不成立の場合でも戦争の勃発《ぼっぱつ》を防ぐ乙案を十一月七日にコーデル・ハル国務長官に提出した。これに対して、野村駐米大使に突きつけられたのが十一月二十六日のハル・ノートである。

## コミンテルンの陰謀

当時のルーズベルト政権は、コミンテルンと共に満州から日本を追い出す事を考えていた。平成七年に公開された米国の機密文書によれば、当時のルーズベルト政権には三百人ものコミンテルンのスパイが潜入していた。有名なのがハリー・ホワイト財務次官補で、ハル・ノートの起草者とされている。ハル・ノートを一言で言えば、日本は満州から全面撤退し、四十六年前の日清戦争直後の日本の領域にもどれ、というもので、日本がとうてい呑《の》めない条件である事をアメリカは分っていた。すなわちハル・ノートは事実上の開戦通告であり、ルーズベルトもそれを認めている。

コミンテルンは資本主義国同志を戦わせて資本主義国を弱らせておいて、世界共産主義革命を目指していた。ハル・ノートの筆者とされる大物スパイのハリー・ホワイトは昭和二十三年、「赤狩り」と呼ばれた米議会のマッカーシー委員会で、共産主義者として告発され、第一回のＦＢＩの訊問《じんもん》の直後の八月十六日、薬物の大量服用で自殺している。

## ルーズベルトに嵌《は》められた日本

昭和十五年、ルーズベルトは戦争しないことを公約にして大統領に当選したため日本と戦争を始めるには相当の大義名分を必要とした。スチムソン陸軍長官の昭和十六年の日記が、この時の経過を明らかにしている。

十一月二十五日　火曜日　（ハル・ノートの前日）
ルーズベルト大統領は、……米国は次の月曜日の十二月一日に（日本の）攻撃を受ける可能性があると注意を喚起《かんき》し、いかに対処すべきかを問題にした。問題は米国が過大な危険にさらされないで、最初の一弾をうたせるような立場に、日本をいかにして誘導していくべきか、という事であった。

十一月二十七日　木曜日　（ハル・ノートの翌日）
ハル（国務長官）は、「私はそれから（日本との交渉）手を引いた。今やそれは君（スチムソン陸軍長官）とノックス（海軍長官）との手中、つまり陸海軍の手中にある。」とつけ加えた。

ルーズベルトが予測していた昭和十六年十二月一日になっても日本は攻撃してこない。大慌《あわ》てしたルーズベルトは老朽船三隻に米国旗を立てて日本軍艦に接近させて挑発《ちょうはつ》、日本軍はこれに乗らなかったものの、既に日本への攻撃命令を受けていた駆逐艦ウォードは、十二月八日、日本のハワイ攻撃の一時間二十分前に真珠湾近くの公海上で日本の潜水艦を攻撃し沈没させた。無通告で先制攻撃をしたのは米国であった。

日本は十二月八日、宣戦を布告、その暗号電報は事前にワシントンの日本大使館に送られていたものの、前夜には送別会が夜遅くまで行なわれ、電報のタイプに手間がかかり、米政府に手渡されたのは、真珠湾の攻撃から一時間あとになった。ルーズベルトの思惑《おもわく》どおりの開戦の口実ができた。卑劣《ひれつ》な日本人をやっつけろ、真珠湾を忘れるな、と訴え、アメリカ国民の戦意を高めた。実は、アメリカ陸軍暗号解読部マジックによって、日本の暗号電報は全て解読され、真珠湾攻撃のずっと以前から日本の攻撃予定を知っており、サンフランシスコの第十二海軍情報部では、日本海軍の第一航空艦隊と第二航空艦隊のハワイへの隠密《おんみつ》行動を刻々、海図上に示していた。しかし、それをわざとハワイのキンメル司令官には知らせなかった。アメリカ国民に奇襲のショックを高めるための戦術である。

真珠湾攻撃の前に、米国は既に日本に対する攻撃命令を出していた。その米国が真珠湾を奇襲と言うのなら、米国が派遣した航空隊、フライング・タイガースが中国戦線で日本軍を攻撃していた事に何の弁明ができるだろうか。フライング・タイガースは、ルーズベルト政権によって公式に派遣された正規軍人による航空隊である。

さらに開戦五ヶ月前の七月二十三日には、シナから長距離爆撃機六十六機による日本への爆撃計画にルーズベルトや海軍長官が決行の署名をした。日本の八幡製鉄所や北九州の工業地帯を爆撃目標としており、この計画は爆撃機をイギリスを救うためヨーロッパ戦線に投入したため実行はされなかった。ただし、アメリカの空軍部隊がシナで待機していたのは事実である。

東条首相は「清水の舞台から飛び下りる覚悟で、開戦を決意した」と語り、軍の長官達も、始めの一、二年はどうにかもちこたえられるが、三年目からは全く勝算はない、と語っており追いつめられての開戦となった。猫に追いこまれて逃げ場をなくした鼠《ねずみ》は、どうせ食べられてしまうのなら猫に噛《か》みついていくしかない、日本はそれしか選択できなかった。大東亜戦争に突入した。

## 民族独立の波、大東亜会議

昭和四年のアメリカの株価大暴落で、不況の波が世界に広がると、イギリスなど列国は海外の植民地を経済圏とした閉鎖経済に入り、経済圏以外の国の商品には高い関税をかけ輸入を抑えた。アメリカは日本の雑貨品に八〇〇%もの関税をかけており、昭和六年には日本の輸出、輸入は株価が大暴落する前の半分に減っている。

昭和十三年、東亜新秩序の建設声明と昭和十五年の大東亜共栄圏の構想は、列国の閉鎖経済に対抗した日本の生き残りをかけたものであった。ところが米国は、米国が中南米を含む閉鎖経済圏をもつのは当然であっても、日本がアジアに経済圏をもつ事は許せなかった。

この頃、アジア、アフリカの殆んどは欧米の植民地であった。インドはイギリスに茶、アヘン、砂糖の栽培を強制され、食料の生産が衰《おとろ》えてインド人の飢餓が頻発した。コンバウン朝による独立王朝国家であったビルマを、イギリスはインド人傭兵《ようへい》を使って侵略し、抵抗する者を連座制で村落単位で皆殺しにした。マレーシア、シンガポールもイギリス領となり、マレー人は農村部に追われ、自治のない最下層民として扱われた。ベトナム、ラオス、カンボジアはフランス領で、伝統文化や仏教が徹底的に否定され、フランスによる原住民虐殺はアルジェリア植民地と同様に百万人とも言われている。インドネシアはオランダに支配され、田畑をコーヒー、砂糖、茶、タバコの栽培に転換させられ、原住民の食料生産が大幅に減少して、餓死者は年間で五〇〜六〇万人と言われている。スペインからフィリピンを強奪したアメリカは明治三十一年、スペインに対する独立運動で第一共和国が成立するや、独立派を惨殺し、アメリカの植民地とした。これに抵抗したフィリピン人が六十万人虐殺されている。

大東亜戦争の翌年、日本軍はフィリピンを制圧、昭和十八年四月、ラウレル氏が大統領に就任し、フィリピンが独立した。ビルマでは、大東亜戦争の開戦と共に、独立の志士、アウン・サン氏等はビルマ独立義勇軍ＢＩＡを組織し、鈴木敬司大佐の日本軍と共に英領ビルマへ侵攻した。昭和十八年八月一日、バー・モウ氏が独立宣言を読みあげビルマは独立を果たした。

昭和十八年十一月六日、東京で大東亜会議が開かれ次の共同宣言が発表されている。

一、大東亜の安定を確保し、道義に基づく共存共栄の秩序を建設す。
一、相互に自主独立を尊重し、大東亜の親睦を確立す。
一、各国はお互いにその伝統を尊重し、各民族の創造性を伸ばし、文化を昂揚《こうよう》す。
一、互恵の下に経済発展を図り、大東亜の繁栄を増進す。
一、万国との交流を深め、人種差別を撤廃し、文化を交流し資源を解放し、世界の進運に貢献す。

この会議には東条英機首相のほか、南京の中華民国国民政府の汪兆銘代表、タイのワンワイタヤコーン首相代理、満州国の張景恵国務総理、フィリピンのラウレル大統領、ビルマのバー・モウ首相と未だ独立を果たしていないインドから自由インド仮政府のチャンドラ・ボース首班がオブザーバーとして参加した。

この共同宣言は、昭和三十年に二十九ヶ国が参加したアジア、アフリカ会議（バンドン会議）の反植民地主義、平和共存、経済協力など平和十原則に継承されている。

## インドネシアの独立

戦局は昭和十七年二月にシンガポールの英国要塞を陥落させた頃が峠で、六月にはハワイ諸島西方のミッドウェイ海戦で大敗し、翌年も好転せず、昭和十九年には空と海はほぼ米国に制圧された。当時の石油生産高は日本を一とすれば、米国は五三八、日本は村々のお寺の鐘まで供出して武器、砲弾に作り変えたものの、軍事物資の不足はどうすることもできなかった。

昭和十七年三月一日、日本軍はオランダ領インドネシアに上陸して制圧し、オランダ総督によって投獄されていたインドネシア独立の父、スカルノ氏を釈放した。日本軍はインドネシア独立のための祖国防衛軍、PETA《ペタ》の設立と訓練に尽力し、また、ジャワを中心に使われていたムラユ語をインドネシアの統一言語に定め、新聞、ラジオ、学校教育で普及しインドネシア民族統一の基礎も作っていった。ちなみに、オランダの植民地政策ではインドネシアの分割統治を目的として、部族間の対立を助長すべく統一言語を作らせなかった。

昭和二十年八月十五日、日本が敗戦すると、その二日後の十七日にスカルノ氏はインドネシアの独立を宣言、これに対して再びインドネシアを植民地にしようと侵攻してきたオランダ、英軍と四年余りの戦いの末、独立を勝ち取った。一旦独立したインドネシアの人々は、植民地時代のように無気力でなく、二度と植民地の苦しみに戻りたくない、という自立心が育っていた。大東亜戦争の終戦に伴い帰国命令が出ているのに、乞《こ》われてインドネシアの独立戦争を共に戦った日本兵は約二千人おり、その半数が戦死した。

インドネシアの独立宣言文の日付は「17・8・'05」となっている。スカルノが独立宣言文を読みあげた広場の宣言文の記念碑にも「17・8・'05」と刻まれている。「17・

8」は八月十七日のこと、それでは「'05」は何か。実はこれは二六〇五年、つまり皇紀二六〇五年を表している。イスラム教の国、インドネシアにはイスラム教のビジュラ暦がある。本来この暦で年号を表すべきところ　神武天皇が橿原に建都された年を元年とする日本の皇紀が使われているのだ。日本に対するインドネシアの敬意である。

## インドの独立

大東亜戦争の開戦と共にマレー半島上陸作戦が実施され、昭和十七年二月十五日には英国の牙城《がじょう》シンガポールを制圧した。これには、藤原岩市少佐やマレーの虎と呼ばれた谷豊らの活躍があった。マレー半島に駐留していた「イギリス軍」の主体はインド人将兵であった。藤原少佐はインド人将兵に「日本とインドの間には敵対すべき何の理由もなく、むしろ日本は植民地支配下のインドの隷属《れいぞく》的状況に義憤《ぎふん》を抱いている。イギリスこそが日印共通の敵ではないか」と説得を続けた。

シンガポールの英軍降伏の二日後、英軍のインド将兵五万人が投降し、その多くがインド独立を目指す国民軍に加わった。インド国民軍は徐々に数を増し、日本軍と共にインド独立を目指し昭和十九年一月、インド最東部インパールに侵攻作戦を始めた。インド国民軍を率いたのは、祖国の独立にその一生をなげうったチャンドラ・ボース氏である。しかし英国には膨大な軍事物資が空輸され戦力が整ったものの、日本、インド軍の牛馬は倒れ弾薬すら尽きはじめていた。将兵の多くもマラリア、赤痢を患《わずら》いチャンドラ・ボース氏はついに撤退した。インパール作戦に加わったのは日本、インド兵合せて十万名。死者は日本兵三万名を数え、インド兵も数千の犠牲を出している。

日本の降伏に伴い、インド国民軍も連合軍に降伏した。昭和二十年十一月五日、デリーで始った裁判で旧イギリス軍のインド人将兵に有罪判決が下りると全インドで暴動が起った。第二回軍事裁判の有罪判決ではカルカッタの学生デモが警察と衝突、死者十名、負傷者二〇〇名を出す事態となっている。この直後、インド海軍のインド人乗組員がボンベイ、カラチ、カルカッタで一斉《いっせい》に反乱を起こした。英国も海軍にまで独立の精神が広まっていた事に動揺を隠《かく》せずその権威も失墜《しっつい》し、英国はインドの独立を認めざるを得なくなった。インドは悲願の独立を日本が敗戦した丁度二年後の昭和二十二年八月十五日に果《は》たし、白人がアジアを支配する時代に終りを告《つ》げた。

## 首相の歴史音痴

日本軍がアジア諸国の独立のため、インド、ビルマ、インドネシア、ボルネオ、マレーシア、フィリピン、インドシナで訓練し育てた各国の国民軍、独立軍、義勇軍の総数は三十五万以上に上《のぼ》り、これ以外に日本の陸軍士官学校で訓練した幹部は一七〇名に及んでいる。

三人の外国人の言葉を紹介したい。米国の日本研究家のヘレン・ミアーズ女史は「アメリカの鏡・日本」で次のように言い切っている。

歴史的にみてアジアの民衆を「奴隷にしていた」のは日本ではなく私たちが同盟を結ぶヨーロッパの民主主義諸国である。

マレーシアの独立運動家で元上院議員のノンチック氏は、その著書に書いている。

日本軍は長い間各国を植民地として支配してきた西欧の勢力を追い払い、とても白人には勝てないとあきらめていたアジアの民族に驚異の感動と自信を与えてくれました。長いあいだ眠っていた「自分たちの祖国を自分たちの国にしようという心」を目覚めさせてくれたのです。私たちは、マレー半島を進撃していく日本軍に歓喜の声をあげました。負けて逃げていくイギリス軍を見た時に、今までに感じたことのない興奮をおぼえました。

昭和三十一年、イギリスの歴史家トインビーは次の言葉を残している。

第二次大戦において、日本人は日本のためというよりも、むしろ戦争によって利益を得た国々のために、偉大な歴史を残したといわなければならない。その国々は日本が掲《かか》げた短命な理想であった大東亜共栄圏に含まれていた国々である。日本人が歴史上に残した業績の意義は、アジアとアフリカを支配してきた西洋人が、過去二百年の間に考えられてきたような不敗の半神（半ば神のような存在）でないことを、西洋人以外の人類の面前において明らかにした点にある。

昭和三十年、インドネシアのスカルノ大統領の提唱で、インドネシアのバンドンで二十九ヶ国が集ったアジア、アフリカ会議が開かれた。

参加国は戦後独立した国がほとんどで黄色人と黒人の国家の独立をアピールする会となった。出席した加瀬俊一外務相参与はその時の模様《もよう》を語っている。

アフリカからもアジアの各国からも『よく来てくれた』『日本のおかげだ』と大歓迎を受けた。日本があれだけの犠牲《ぎせい》を払《はら》って戦わなかったら、我々はいまもイギリスやフランス、オランダの植民地のままだった。それにあの時出した『大東亜共同宣言』がよかった。大東亜戦争の目的を鮮明に打ち出してくれた。『アジア民族のための日本の勇戦とその意義を打ち出した大東亜共同宣言は歴史に輝《かがや》く』と大変なもて方であった。

ところが、平成十七年四月、バンドン会議五〇周年を記念する式典での小泉首相の挨拶は狂っている。「我が国は、かつて植民地支配と侵略によって、アジア諸国の人々に対して多大な損害と苦しみを与えました……」。出席していた各国の代表はこの挨拶に驚き、侮《あなど》りの目を日本の首相に向けた。

植民地支配していたのは欧米である。植民地を独立に導《みちび》いた日本の戦いを侵略と言うのか……。許《ゆる》し難《がた》い首相の〝歴史音痴〟である。こんな歴史音痴《おんち》からまともな政治は生れてこない。

国会の質疑などで、中曽根、海部《かいふ》、宮沢、細川、村山の各首相は、大東亜戦争を侵略戦争だとして謝罪しまくっている。重度の自虐史観病が国内に伝染しているのだ。

平成六年八月二十七日、歴史事実を全く知らないで謝罪した村山首相に対してマレーシアのマハティール首相は次のように語った。これに対して村山は返す言葉がなかった。

何故謝《なぜあやま》るのですか、日本軍は重い重い鉄のカーペットの欧米による植民地支配体制を除去してくれたのではありませんか。謝罪すべきは、アメリカ、イギリス、オランダ、フランスではありませんか。

実際、大東亜戦争によって、アジア、アフリカの植民地諸国に、独立の動きが生れなければ、欧米による世界の植民地支配の構造は、現在も続いているであろう。

## コラム　硫黄島《いおうとう》の栗林忠道《ただみち》

忘れてはならない軍人が沢山いる。その一人は栗林忠道中将である。東京の南約一千キロの小さな島、硫黄島に米軍は昭和二十年二月十六日から、南部の摺鉢山《すりばちやま》の形を変える程の猛爆撃を加え、十九日から上陸を開始した。

栗林は地下二十五メートル、全長十八キロメートルの地下陣地を掘っていた。地下は硫黄ガスが噴出し、四十度以上の高温で一日に一メートル掘り進めるのがやっとであり、飲み水は硫黄臭がして将兵は下痢に悩まされていた。

米軍は三千倍の火力で、三日で制圧する予定が三十四日にも及び、死傷者は二万八千余を数え日本軍の被害を上回った。三月二十六日、栗林は残兵と共に夜襲《やしゅう》をかけ、負傷し自決した。五十三歳であった。東京に訣別《けつべつ》の辞を送っている。

「今ヤ弾丸《ダンガン》尽キ水涸《カ》レ、全員反撃シ最後ノ敢闘《カントウ》ヲ行ハントスルニ方《アタ》リ　熟々《ツラツラ》皇恩ヲ思ヒ　粉骨砕身《フンコツサイシン》モ亦《マタ》悔イズ」

## 終戦の御聖断

相互援助を協定した日独伊三国同盟国の内、イタリアは昭和十八年に降伏、ドイツも昭和二十年五月に降伏した。

猫に噛《か》みついていったものの、鼠は猫には勝てなかった。昭和二十年三月十日米空軍はB29戦闘爆撃機三百二十五機で東京を夜間に無差別爆撃をした。通常の絨毯《じゅうたん》爆撃ではない。先ず東西五キロ、南北六キロの長方形の線上に焼夷弾《しょういだん》を落とし火の壁を作ってこの区域から人が出られないようにしておいて、そして区域内を火の海とする作戦で一晩《ひとばん》で一般市民十万人を虐殺した。以後、神奈川、愛知、大阪、兵庫の住宅地を絨毯《じゅうたん》爆撃し、二十六万人以上の市民を焼き殺している。

ルーズベルト大統領が死亡し、次のトルーマン大統領は七月二十四日、原爆投下を命令、八月六日午前八時十五分、広島に投下、八月九日午前十一時二分、長崎に投下、二十六万余人が虐殺された。これらは市民に対する無差別殺戮《さつりく》であり、明らかな戦争犯罪である。またこの年の三月二十六日には小笠原諸島、父島南方の硫黄島では砲弾の尽きた栗林忠道中将が玉砕《ぎょくさい》、六月二十三日には沖縄の牛島満中将が玉砕《ぎょくさい》しており、日本の戦力は底をついた。

七月二十六日、日本に降伏条件を示したポツダム宣言を、米、英、中華民国の三国が発表した。外務大臣らの降伏派と陸軍大臣らの抗戦派の意見がまとまらず、八月九日、天皇陛下のご臨席のもと御前会議が開かれた。ここでも意見が受諾《じゅだく》派と抗戦派に分れたため鈴木総理は、やむをえず　天皇陛下の御聖断を求めた。陛下は「それならば自分の考えを言おう。自分の考えは外務大臣と同じである」と次のようにおおせられた。


私の務《つと》めは歴代の　天皇から受けついだ、この日本の国を子孫に伝えることである。いまとなっては、ひとりでも多くの国民に生き残ってもらいたい。その人たちがこの国を子孫に伝えてくれる以外に道はない。

また、このまま戦を続けることは、世界の人類にとっても不幸なことだ。私は明治天皇の三国干渉のときのお心を考えた。自分のことはどうなってもかまわない。堪《た》えがたきことであるが、戦争をやめる決心をしたしだいである。

国民は今日まで耐《た》えしのんで戦ってくれた。将兵は実に勇敢によく戦ってくれた。いのちを捧げてくれた戦死者のこと、非命に倒れた人のことを思うとき、どれほど感謝してもしれない。一家の柱である父を失った遺族の心中を思うと身が引き裂《さ》かれるようだ。戦傷者には苦難の道が続くだろう。まだ外地に取り残された人びとも、なんとか無事、帰国できるようにしなければならぬ。戦災の痛手を受けた人たちも、どうか早く立ち直ってほしいと祈るばかりである。耐えがたいことではあるが、どうか私の考えをわかってほしい。

大東亜戦争の開戦は内閣が決議したことであって　天皇が拒《こば》むことはできなかった。ただ今回は急を要する議題で内閣の意見がまとまらず、総理大臣から求められてのご発言である。

日本がポツダム宣言受諾の条件とした天皇制度の護持について、連合軍の正式回答は八月十三日となった。これに対して内閣の考えはまとまらず、鈴木総理が動き八月十四日十時、最後の御前会議が開かれ陛下はおっしゃった。

相手方の回答もあれで満足してよいと思う。……ここで戦争をやめる以外に、わが国が生き残る道はないのだ。これから日本は再建しなければならない。時間もかかるだろう。しかし、国民がみなひとつの家の者の気持ちになって努力すれば必ずできる。私も国民とともに努力する。国民には、ラジオを通じて私がみずからさとしてもよい。内閣はすみやかに終戦に関する詔勅《しょうちょく》（天皇陛下の国民に対するお言葉）の草案を作るように。

時がきた。大東亜戦争終結の詔《みことのり》は十四日に作られて録音され、十五日正午から全国民に向けてラジオで放送された。最後まで竹槍《たけやり》で戦い、本土決戦をしたかった、という国民もいただろう、米兵が上陸してくれば女は陵辱《りょうじょく》され、男は目、鼻、耳をそがれて殺されると恐怖心に襲《おそ》われた人もいただろう。遠い外国の戦場に残された父や兄を思い胸が張りさけんばかりの人もいただろう。日本には重い日が続いたが、詔の中の一文、「朕ハ……常ニ爾臣民《ナンジシンミン》ト共ニ在《ア》リ」は、国民に一筋《ひとすじ》の光明となった。

■ コラム　牛島満《みつる》と沖縄戦

牛島満中将が沖縄の第三十二軍指令官に就任したのは昭和十九年八月。既に沖縄の空と海は米軍に握《にぎ》られ、支援物資は届かない。

軍勢は日本の七万七千に対し、米軍は上陸部隊十八万三千と十八隻の戦艦、十五隻の空母、航空機千七百機等の支援部隊が四十五万。武器弾薬を合わせると米軍は数千倍の戦力があった。

牛島は首里を中心に洞窟《どうくつ》陣地の持久《じきゅう》戦に挑《いど》んだ。米軍の四月初めから二十日間でケリをつける予定に対し、日本軍将兵は爆薬を抱《だ》いて戦車に体当りする肉弾戦で挑《いど》み九十日の戦いとなった。

六月中旬から弾薬が尽きた日本軍が最後の抗戦をして、米軍上陸指揮官シモン・バックナー陸軍中将が戦死、六月二十三日には牛島中将は、残ったわずかな兵と共に敵陣に突入して戦死。次の歌を残している。五十七歳であった。

矢弾《やだま》尽き　天地《あめつち》染めて　散るとても
魂還《たまかえ》り　魂還りつつ　皇国護《まも》らん

## ■ コラム　島守りの神

戦後長らく「島守りの神」として県民から深く敬慕《けいぼ》された人が沖縄県知事、島田叡《あきら》である。親交があった牛島から望まれて昭和二十年一月三十一日に赴任《ふにん》した。この時、こう語った。

「おれが行かなんだら、誰かが行かななならんやないか。おれは死にとうないから、誰か行って死ねとはよう言わん」

島田は県内をまわり車座《くるまざ》になって県民と語り合い、食料の確保、疎開と避難に全力を傾注し二十二万人の県民を疎開させた。

七月、避難を勧めた新聞社支局長に言った。「君、一県の長官として、僕が生きて帰れると思うかね。沖縄の人がどれだけ死んでいるか、君も知っているだろう」。

島田は足をやられ動けず、多くの犠牲者を出した責任をとってこの七月に自決した。四十三歳であった。島田は生涯敬慕した西郷隆盛の言葉「死後慕《した》われる人になれ」を座右《ざゆう》の銘《めい》とした。

## 陛下の御聖徳

戦闘は終った。日本は占領され八月三十日、連合軍総司令部の司令官、マッカーサーは、コーンパイプをくわえて厚木《あつぎ》基地に降りたった。

天皇陛下は、海外の日本人将兵が一日も早く自分の家にもどれるよう、陸軍中佐の竹田宮恒徳《つねよし》王、陸軍大将の朝香宮鳩彦《あさかのみややすひこ》王、陸軍少将の閑院宮春仁《かんいんのみやはるひと》王、高松宮宣仁《のぶひと》親王を、それぞれ満州、朝鮮、南京、北京、サイゴン、シンガポールに、そして、日本軍の指令部、基地に派遣され、軽はずみな事を起さぬよう　陛下の大御心を伝えられた。日本軍の一糸乱れのない帰還ぶりに、マッカーサーも副官のボナー・フェラーズも次のように語っている。

歴史上、戦時、平時を通じてこれほど速《すみ》やかにまちがいをおこさずに兵隊たちの武装をとき家に帰した例を私は知らない。約七百万の兵士の投降という史上に例のないむずかしい仕事が一発の銃声もひびかせないで、連合軍兵士のひとりの血も流すことなく終えることができた。

天皇陛下は権力をもっておられない。しかし、国民から敬愛され、権威をもっておられた。八月十五日の終戦の詔の発表に際しても、内乱が起らなかったのは実に陛下の御威徳によるものである。

陛下は九月二十七日、アメリカ大使館にマッカーサーを訪ねられた。陛下のお供は通訳の奥村勝蔵氏一人で、マッカーサーの机の前まで進まれた陛下は「今回の戦争の責任は、すべて自分にあるのだから、自分に対してどの様な処置を取られてもかまわない。次に戦争の結果、国民は飢餓《きが》に瀕《ひん》している。このままでは罪のない国民に多くの餓死者がでるおそれがあるから、米国にぜひ食糧援助をお願いしたい」と懇請《こんせい》された。

自分は絞首刑になってもいいから、国民を救ってくれ、と　陛下はご自身の命を差し出されたのです。マッカーサーはこの時すでに　天皇に戦争責任がないことを認識していた。それでも　天皇陛下の訪問の目的は、どうせ自身の命乞《いのちご》いであろうとマッカーサーは予測していた。その　天皇陛下が、絞首台に上がる、と言われた。それまでの机の席で足を組みパイプをくわえていた司令官は、立ちあがり陛下の前に進み、抱きつかん

ばかりに　陛下のお手をにぎり、そして語った。
私ははじめて、神のごとき帝王を見た。

# 第九章　武力戦が終って、精神戦が始まった

## 根こそぎ日本を叩《たた》き潰《つぶ》せ

連合軍総司令部（ＧＨＱ）の占領政策は始まった。大東亜戦争で、日本は言わば肉体をやられた。ＧＨＱの次の目的は日本人の精神を完全に潰《つぶ》して、日本人を腑《ふ》抜《ぬ》けにしてしまう事であった。この政策は見事に成功し、今も日本人の心はポッカリと大きな空洞《くうどう》があいている。

かつて日本共産党の志賀義雄は「共産党が作った教科書で、社会主義を信奉する日教組の教師がみっちり反日教育を施《ほどこ》せば、三十年後、四十年後には、その青少年が日本の支配者、指導者となる。ドンパチ戦争をしなくても、国家の解体と革命が達成できる」と言った。ロシアのコミンテルンの工作員も入っていたＧＨＱは、日本の国を解体するため、その準備として徹底的な検閲《けんえつ》や言論統制を始めた。九月、新聞、ラジオ、電話から手紙まで検閲《けんえつ》し、新聞、ラジオに対して占領軍指令部に対する一切の批判を許さないという十項目の禁止事項を発令した。映画、演劇についても赤穂義士、曾我《そが》兄弟などの仇討《あだう》ちものが禁止された。赤穂市で毎年行われていた義士祭さえも戦後は中止させられた。東京大空襲、広島、長崎の原爆投下の報復を恐《おそ》れたのである。

事実、戦後の軍事裁判で、ＧＨＱの裁判官は報復を認めていた。名古屋市街を無差別爆撃した大型爆撃機Ｂ29を高射砲で撃墜し、岡田資《おかだたすく》中将はその搭乗員を逮捕、軍律会議にかけて処刑した。戦後、岡田中将は捕虜を虐殺した戦犯として逮捕され、法廷で「無差別爆撃という残虐行為を行った搭乗員は、ジュネーブ条約でいう捕虜扱いはできない」と主張した。その毅然《きぜん》とした態度に感銘を受けた裁判官が、「無差別爆撃に対する報復なら戦争犯罪ではない。あなたが行ったのは報復であろう」と死刑判決から岡田中将を救おうとした。しかし、岡田資中将は信念を貫き、「報復ではなく処罰である」と答え、責任を一身に引き受けて刑場の露と消えていった。

手紙ですら検閲を受け、教科書は不都合な箇所は墨《すみ》で塗りつぶされ、一万一二五〇トンの教科書が回収され処分された。

このようにして、検閲前の九月六日の朝日新聞は大東亜戦争を正義の戦いと言い切っていたのに、検閲開始後の九月二十二日には既《すで》にＧＨＱの宣伝紙になり下っていった。記事は次のとおりである。

■九月六日……たたかいはすんだ。しかし、民族のたたかいは、寧《むし》ろこれからだ。世界正義と民族の名誉をかけた武器なき戦いは、世界人をしてわれらの立場を正統と是認《ぜにん》せしめるまで続けなければならないのである。国民は敗戦というきびしい現実を直視しよう。しかし正統に主張すべきは臆《おく》せず堂々と主張しよう。単なる卑屈《ひくつ》は民族の力を去勢《きょせい》する。

■九月二十二日……結集された日本国民の力を加えることによって、好戦的、専制的、強圧的、非国民的諸勢力の絶滅が期し得られ、同時に日本の政治の転換、刷新が成就《じょうじゅ》されるのである。軍国主義の絶滅は、同時に民主主義への途《みち》である。

朝日新聞が検閲を受けたのは九月十五日の鳩山一郎自由党総裁の談話記事である。すなわち、『〝正義は力なり〟を標榜《ひょうぼう》する米国である以上、原子爆弾の使用や無辜《むこ》の日本国民殺傷が、病院船攻撃や毒ガス使用以上の国際法違反、戦争犯罪であることを否《いな》むことは出来ぬであろう。極力《きょくりょく》、米人をして罹災地《りさいち》の惨状を視察せしめ、彼ら自身彼らの行為に対する報償の念と責任を自覚せしむること……』、この記事にGHQは激怒し、九月十八日から二日間、朝日新聞は発行停止処分を受けた。そして、二十二日から朝日新聞は自ら主張していた「民族の力を去勢する」新聞になり下がり、今日にまで至っている。

情報は全てGHQが独占した。自らに都合の悪い原爆の残虐写真などは公表が禁止され、アメリカ社会の暗部である黒人問題の映画の輸入上映も禁止された。逆に日本軍の残虐行為とされる情報は、日本人の心に罪悪感を植えつけるため、くり返し何度も何度も流し続けている。

そして、聞こえのいい「自由、正義、人道、文明」という言葉で戦勝国を飾りたてた。そして罪悪感を与える「軍国主義、侵略、戦争責任」というレッテルを日本に対してベタベタと貼りつけた。「悪かったのは日本人」だと、くり返しくり返し宣伝され、われわれを洗脳した。

確かに欧米の文明国は、十七世紀の始めからアジア、アフリカを含む世界各国を侵略し、植民地として搾《しぼ》りあげる「自由」があった。清がイギリス貿易商が持っていた麻薬のアヘンを没収した時、イギリスは「自由貿易」を唱えて清を攻撃し、上海を占領する「正義」をもっていた。明治三十一年、アメリカにはスペイン領フィリピンを強奪し、フィリピン独立派を惨殺し、六十万人の一般市民を虐殺する「人道」があった。

ＧＨＱは日本を侵略国と言う。しかし、韓国の崔基鎬《チェケイホ》教授が述べているように、日本は台湾、朝鮮、満州に資金を投入した。逆に欧米は植民地から、資金を搾《しぼ》り取った。日本は、欧米の植民地となっていたアジアの諸国の独立を支援した。ところがＧＨＱはその日本を「侵略国」と宣伝した。悪いのは日本だとして、全てを日本の責任にした。

## 公論は敵より出《い》ずる

「公論は敵より出《い》ずる」という言葉がある。昭和二十六年五月、最も権威の高いアメリカ上院の軍事外交合同委員会において、マッカーサーは「太平洋において米国が過去百年に犯した最大の政治的過《あやま》ちは、共産主義者を中国において強大にさせたことだ」と発言し、大東亜戦争については「日本人が戦争に入った目的は、主として自衛のために余儀《よぎ》なくされたものである」と証言した。その主旨は次のとおりである。

連合軍は米英支蘭（ＡＢＣＤ）包囲陣で、日本に重要な工業資源を売らなかった。日本が持っていた天然資源は蚕《かいこ》だけであり、日本の資源でできる産業は絹工業しかない。日しかし、われわれは全てを持っていた。このままでいけば、八千万の日本は一千万人～一千五百万人、つまりほとんどの働き手が失業することになる。従って日本が戦争に入ったのは、主として国民生活の防衛のためであった。

昭和三十八年、日本社会党の佐々木更三委員長ら毛沢東と会談し「日本軍国主義のシナ侵略」を謝罪した。毛沢東はにっこりと笑い、公式会見として「いやいや何を言っているんですか佐々木さん。あの時、皇軍（日本軍）がやってきてくれたからこそ、共産党は助かったのである。皇軍なしには、我々が権力を奪取することが不可能であった」と明言している。さらに毛沢東は、「日本軍がやってきて、また蔣介石と合作することができた。そして軍隊は二万五千人から八年戦って百二十万になり、人口一億の根拠地を持つに至った。私は日本軍に大変感謝しているのである」とつけ加えている。日本と蔣介石が、見事にコミンテルンと連動していた毛沢東の策謀《さくぼう》にはめられた事を毛沢東が公式に発言しているのである。

日本が敗れシナから撤退すると、毛沢東にとって蔣介石は厄介《やっかい》なゴミ屑《くず》であり、終戦後すぐに毛沢東・共産党と蔣介石・国民党は内戦に突入、昭和二十四年には国民党は破れ、蒋介石は台湾に逃げ落ちてそのまま閉じこめられた。

大東亜戦争は自衛のための戦いであり、コミンテルンの作戦どおりに日本軍を利用できた、と敵国側は本音《ほんね》を語った。

しかし、日本人を腑抜けにして弱い国にしてしまう事は戦勝国の共通の利益につながっていた。日本潰《つぶ》しの本番が始まっていく。

## 靖國神社を焼き払え

GHQの攻撃の第一弾は神道と靖國神社に対する、昭和二十一年十二月十五日の神道指令の発令であった。アメリカでは靖國神社を戦争神社、ウォー・シュライン（war・shrine）と呼んでおり、靖國神社を悪玉に考えていたのだろう。

靖國神社は、江戸時代の末期、安政五年以来の国事に殉《じゅん》じた戦没者の慰霊祭がその始まりで、その後明治維新の国難に一命をなげうった人々の霊を慰めるため、明治二年に東京招魂社《しょうこんしゃ》が創建された。明治十三年に靖國神社と改称され、当初三千五百八十八柱が祀られた。

元寇や日露戦争でも、敵軍の戦死者を祀ってきたのが日本の文化であり、大東亜戦争での軍人、従軍看護婦、ロシアやシナに戦後抑留されて亡くなった人々や民間の戦没者など現在では、二百六十八万四千余柱の御霊《みたま》が祀られている。靖國神社は日本の国難に殉じた人々の慰霊と顕彰《けんしょう》の場である。GHQが調べた結果、神道が戦争にかかわった事実はないと判断した。昭和二十一年二月の公職追放令で「悪い日本」で重要な地位を占めていた二十万人が追放され、その二十万人の穴埋めとしてマスコミ、教育界、言論界に左派、共産主義者が着任した。この時でさえ、神道の最高行政官であった飯沼一省《かずみ》氏は公職から追放されていない。

戦争が多かったヨーロッパは、それだけに戦争に関する英知が集り、皇紀二三〇八年にはウェストファリア条約を結んでいる。この条約では「戦争で占領した国の憲法、宗教、文化、言語を変えてはいけない」と規定している。アメリカもこれを知っていて、イスラム教には口を出さない。靖國神社の焼き払いはGHQに潜入《せんにゅう》していたコミンテルンの意図もあったのだろうが、何とか靖國神社は焼却を免《まぬが》れた。

靖國神社に関して、二人の外国人の言葉を紹介したい。一人は当時の駐日ローマ法王庁代表のビッテル神父のマッカーサーに対する進言である。

いかなる国家もその国家のために死んだ人に対して敬意を払う権利と義務がある。もし靖國神社を焼き払うとすればその行為は米軍の歴史にとって不名誉きわまる汚点となって残ることになるであろう。

もう一人はフランス人作家、オリビエ・ジェルマントマ氏で、平成十三年の小泉首相の靖國神社参拝に、次のメッセージを寄せている。

国のため一命を捧《ささ》げた人々を忘却するごとき民族は、必滅の運命にあります。靖國神社に祀《まつ》られた戦死者に、今回、日本の小泉首相が参拝されたことは、従って我々フランス人の目からすれば当然の行為であり、侵略うんぬんの認否とは全く無関係です。むしろ、人類は、すべての英霊のために祈ろうではありませんか。

靖國神社の「英霊の言乃葉」から英霊の便りを読みます。

## 父母への便り

十字星を窓から見て泣いた時、世に高いマニラの夕焼けにはるかな故國をしのび、帰りたくなった時だってあります。幼い子を見る時、洋司を思ひ、また喜代子、英子と思ひが走ります。

年若くして國を離れる、これは、これからの長い清子の人生に大きな役をしてくれるでせう。

清子は身体の続く限り白衣の人として生きるつもりです。ここは第一線だ、戦場だと働きがひを全身に感じ、すべてを忘れてしまひます。

清子は山野の家を代表した女の勇士です。

皆様に心配させるやうな事は致しません。身体の続く限り働きます。

靖國の宮で……。

皆様の御健康御多幸を祈ります。

（陸軍看護婦　山野清子命　昭和二十年七月十日　フィリピン、ルソン島で戦病死　三重県出身　十九歳）

## 妻への遺書

拝啓　いよいよ永別の秋《とき》が参りました。私は明三月一日の朝六時頃、南の果「チモール島」「クーパン」郊外の刑場に於いて十名の射手により銃殺され、短い一生を終ります。戦争間、自己に与へられた任務遂行上やった事ですし、帝國の軍人として、又、日本人として私は少しも愧《は》ずる点はありません。

日本人らしい態度で笑はれぬ様、死んでゆく覚悟です。

母上並お前に対しても苦労のみさせ、何等報《むく》ゆることなく先立つ私を何卒《なにとぞ》許してくれ。

誰を恨《うら》むこともない。敗戦と言ふ國家の重大事に際しての礎石《そせき》なのだ。

決して悲しまず、強く生き、母上に孝養《こうよう》し、洋子を立派に育てて欲しい。

お母さん、静子、洋子、永久にさやうなら。

南の果チモール島に於いて永遠に幸福を祈りつづけます。

昭和二十四年二月二十八日
笠間　高雄
笠間　静子殿

（陸軍憲兵曹長　笠間高雄命　昭和二十四年三月一日　インドネシア
チモール島クーパンにて殉難《じゅんなん》死　千葉県出身　三十二歳）

## 出陣に際して

父よ、母よ、弟よ、妹よ、そして長い間はぐくんでくれた町よ、学校よ、さようなら。本当にありがとう。こんな我《わ》がままものを、よくもまあほんとうにありがとう。僕はもっと、もっと、いつまでも皆と一緒に楽しく暮らしたいんだ。愉快に勉強し皆にうんとご恩返しをしなければならないんだ。春は春風が都の空におどり、みんなと川辺に遊んだっけ、夏は氏神様のお祭りだ。神楽《かぐら》ばやしがあふれている。昔はなつかしいよ。秋になれば、お月見だといってあの崖下《がけした》に「すすき」を取りにいったね。あそこで、転《ころ》んだのはだれだったかしら。雪が降り出すとみんな大喜びで外に出て雪合戦だ。昔はなつかしいよなあ。

こうやって皆と愉快にいつまでも暮らしたい。喧嘩《けんか》したり争ったりしても心の中ではいつでも手を握りあって――然《しか》しぼくはこんなにも幸福な家族の一員である前に日本人であることを忘れてはならないと思うんだ。

日本人、日本人、自分の血の中には三千年の間、受け継がれてきた先祖の息吹《いぶき》が脈打ってるんだ。（中略）

至尊《しそん》のご命令である日本人の血が湧《わ》く。永遠に栄えあれ祖国日本。
みなさんさようなら——元氣で征《ゆ》きます。
昭和十八年十二月十日

（陸軍大尉　塚本太郎命　昭和二十年一月二十一日
中部太平洋方面にて戦死　茨城県出身　二十二歳）

## 日本の歴史を封印

ＧＨＱの神道指令により、神社は宗教法人として登記しなければ解散させられたので、宗教法人と名乗るしかなかった。

「名は体をあらわす」という。キリスト教、イスラム教、仏教には「教」がついている通りバイブル、コーラン、般若《はんにゃ》経などの経典があり、キリスト、マホメット、釈迦を教祖として布教された宗教である。ところが神道には経典はなく、教祖もいない。布教もなかった。神道は宗教とは一線を引いた神《かむ》ながらの「道」である。

キリスト教の世界には唯一絶対神の神、ゴッドが存在している。これに対して、神道の世界には八百万《やおよろず》の神がいて、草木に至《いた》るまであらゆるものに神が存在していると考えている。

日本三大祭の祇園祭、天神祭、神田祭は、それぞれ八坂神社、大阪天満宮、神田神社の神事であるが、我々の生活の一部となっている。神道というものは、神話に始まる古代からの日本の固有の文化である。世界の各民族にはそれぞれ固有の信仰がある。日本は　神武天皇から百二十五代目の　今上《きんじょう》天皇に至る直系の　天皇陛下と共に歩んできた国家であり、太古から国民の信仰は神道であった。

GHQの第二弾は、昭和二十年十二月三十一日の「国史、修身、地理」の授業の即時中止命令である。国史を教えず過去が空白になれば、未来が出てこない。欧米で「私は無神論者」と言えば馬鹿者扱いされて相手にしてもらえない。これと同じように、日本の歴史と文化を語り、自国の誇りを語れないような日本人は紙屑のような人間だとして、外国人から相手にされない。GHQは日本人を紙屑にしようとした。

親が必要以上に物や金を与えたり、自由放任で育てられ、我慢や辛抱《しんぼう》することが身についていない子供は非行に走る事が多い。「嘘をいうこと」「弱い者をいじめる事」「ひきょうな事」をしてはならないという昔から教えられてきた修身を欠いては、まともな大人に育たない。

地理が中止されたのは、世界地図を見れば欧米の後進国への侵略支配の悪事が丸見えとなり、それを隠すためであった。

## 東京リンチ裁判

ＧＨＱの第三弾は、日本に対して強烈な影響を与えた、極東国際軍事裁判、通称東京裁判である。東京裁判では戦争を始めることに関係した人をＡ級、戦争を指揮する立場の人をＢ級、命令の下に実行した人をＣ級と分け、Ａ級は東京で、Ｂ、Ｃ級の人達は横浜、南京、シンガポール、マニラなどの各地で、いずれも裁判と呼ぶにはほど遠く、リンチと言うべき方法で、Ｂ、Ｃ級の人々は千名弱が死刑に処せられている。Ａ、Ｂ、Ｃ級は種類別の分類で、罪が重い、軽いの分け方ではない。

東京裁判の法廷は東京市ヶ谷の元陸軍士官学校の建物で行なわれた。裁判長のオーストラリア人、ウェッブは開会宣言で、荒木貞夫元陸軍大将ら二十八名の被告に憎《にく》しみをこめた言葉を浴《あ》びせている。「被告たちの従来の地位がいかに重要なものであったとしても、最も貧しい一日本兵卒、あるいは一朝鮮人番兵に対する待遇よりも良い扱いを受けることはない」……こんな無礼な挨拶で始ったのが東京裁判である。

また、清瀬一郎弁護士が急を催《もよお》して便所に入ろうとすると、アメリカの番兵《ばんぺい》につまみ出された。裁判所のトイレは白人と日本人用に分けられ、日本人が使える便所は大変不便な場所にあった。つまり、裁判所は人種差別の場でもあった。

現在、この東京裁判を正当な裁判と認める国際法学者は、一人もいない。以下、東京裁判がどれだけ無茶な裁判であったか、箇条書きにする。

一、罪を裁く法律がなかった。

当時の国際法やいかなる文明国の法律でも、戦争それ自体を犯罪とは規定せず、国際条約においても国家の責任は問われても、戦争を計画し、準備し、遂行《すいこう》したとして、一人一人の個人の犯罪とする規定はない。そのため、マッカーサーは、「東京裁判条例」という事後法を急いで作った。勝者が都合のいいように作った事後法による復讐《ふくしゅう》裁判である。

一、裁判官が全て戦勝国側の人間であった。

日本人とアメリカ人のボクシングのタイトルマッチで、レフェリーもジャッジも全てアメリカ人ということはない。ところが東京裁判では裁判長も十一名の判事全員も、全て戦勝国で占められた。

一、検察側の証拠は採用し、弁護側の証拠はほとんど却下《きゃっか》された。弁護側の証拠で却下された文書、受け付けを拒《こば》まれた未提出の文書は、現在「東京裁判却下及び未提出資料」（国書刊行会）として八巻にまとめられている。この中には映画「ラスト・エンペラー」となったイギリス人、ジョンストン教授の「紫禁城《しきんじょう》の黄昏《たそがれ》」という本も含まれている。この本は満州が侵略ではなかった一級の証拠であるが、証拠として採用されていない。

一、偽証罪が無いため、偽りの証言が通用した。

「世紀の大嘘・南京大虐殺」を捏造するため、偽りの証言が繰り返された。昭和十二年に日本軍が南京に入場して平穏に南京を治めてから、九年後の東京裁判で始めて南京大虐殺がもちだされた。当時南京に在住していた外国人は「特定できない犯人により四十九名が殺された」と報告していた。これが現場の報告である。これに対し、検察の陳述は数万、シナ側の証言は確定したもの三十万、確定できないもの二十万、また三十四万としている。偽証罪は無い、言いたい放題である。二十七万九百五十八名が殺されたというシナ人の証言もあった。たまりかねたアメリカ人の弁護士は二十万人しかいなかった南京でどうして三十万も殺せるのか、と反論した。

一、多数派判決のみが公表され、パル判決は公表されなかった。

裁判の期間中に読破《どくは》した資料は四万五千部、参考書籍は三千冊にも及んだというインド代表判事パル博士は、この裁判は勝者が敗者を一方的に裁《さば》いた国際法に違反する不法な復讐《ふくしゅう》にすぎないと報告し、全員の無罪を判決した。これが国際法学界の定説となり、国際法の教科書にも採用されている。

しかし、このパル判決は公表が禁じられた。当初、マッカーサーは東京裁判の判決は少数意見であっても法廷で朗読すると決めていたが、パル判決は「時間がない」という理由で朗読されず、その公表も禁じられた。一方、A級戦犯を断罪した多数派判決のみが公表されたため、当時の日本国民はパル判決について何も知ることなく、多数派判決だけが教えられることになった。パル判決の一部が公表されたのは昭和二十八年、全文が翻訳され公刊されたのは昭和四十一年になってからである。

そのパル博士が言い切った。

東京裁判は有罪の理由も証拠も明確でない。感情によって裁かれたのである。日本に全ての罪悪をかぶせる事が目的であった。東京裁判は二十世紀における人類文明史の最大汚点《おてん》といわなければならぬ。

昭和二十五年十月、グァムとハワイの中間にあるウェーク島でマッカーサーはトルーマン大統領と会談した。この会談でのマッカーサーが、「東京裁判は誤りであった」と報告した事をアメリカ政府が発表している。

## 東京裁判、七人の絞首刑

マッカーサーは東京裁判は誤りであったと公式に報告したけれども、既に七人の被告は処刑されていた。昭和天皇陛下のお誕生日の昭和二十一年四月二十九日に起訴され、二十三年十一月十二日に判決があり、死刑の執行はその年の　皇太子殿下のお誕生日、十二月二十三日である。　天皇陛下　皇太子殿下のお気持ちはいかばかりであられたであろうか。悪意に満ちたやり方である。しかも処刑された人の遺体および遺骨を遺族に引き取らせない、という極めて非道な事をやってのけている。

マッカーサーが作らせた東京裁判条例にある「平和に対する罪」や「人道に対する罪」は、国際法廷では戦争犯罪とされていない。清瀬弁護士のこの問い質《ただ》しに対してウェッブ裁判長は「弁護士の異議は却下《きゃっか》する」と切り捨てて裁判を続けた。

結局二十八名の被告の内、死刑となった人に、東京裁判条例の「平和」や「人道」の罪名はない。死刑になった人の履歴と罪状を記す。

板垣征四郎　シンガポール第七方面軍司令官。シンガポールでの責任。
木村兵太郎　ビルマ方面軍指令官。ビルマ戦役での責任。
土肥原《どいはら》賢二　満州駐屯《ちゅうとん》第五軍指令官。満州での取り締り責任。
東條英機《とうじょうひでき》　内閣総理大臣。真珠湾（アメリカ）を含む全区域での取り締り責任。
広田弘毅《こうき》　外務大臣。内閣参謀。ソ連に対する管理責任。
松井石根《いわね》　中部シナ方面軍指令官。中国、南京に対する責任。
武藤　章　フィリピン第十四方面軍参謀長。バターン（フィリピン）の責任。

つまり、七被告の首は、各戦勝国の顔が立つようその償《つぐな》いとして、米、英、中、ソ、比などに始めから割り当てられていたのである。例えば外務大臣の広田弘毅らは戦地にいなかったにも拘《かかわ》らず、捕虜の管理責任を問われて死刑となった。松井石根《いわね》司令官は、敵味方の区別なく戦死した将兵に対する慰霊に熱心だった人である。
南京の赤十字の総責任のマギー牧師は、南京大虐殺に関し、アメリカ人弁護士に次のような宣誓供述《きょうじゅつ》をしている。

弁護士「ところで、あなた自身の目で見た虐殺は何人ですか」と聞くと、「一人です」と答えた。「どういう状況でしたか」と聞くと、「歩硝《ほしょう》が止まれと言ったのに止まらなかった青年が追いかけられて撃たれた」と供述している。

以上が自由に市内を歩き回れたアメリカ人牧師が、聖書に手を置いて法廷で証言した目撃記録である。当時のシナ兵は劣勢になると軍服を脱ぎすて、銃を隠しもってゲリラとして日本兵を狙《ねら》った。戦場である。制止をふり切って逃げれば、撃つのが常道である。松井石根は、この証言にも拘《かかわ》らず、ありもしない南京大虐殺で処刑された。

東京裁判は終った。A級戦犯で人道に対する罪を問われた人は一人もいない。マッカーサーが事後法として作り上げた「平和や人道に対する罪」も立証できなかった。

朝鮮人で朝鮮名のまま陸軍中将となり、人格者として知られる洪思翊《ホンサイク》指揮官はフィリピン第十四方面で終戦を迎えた。捕虜に十分食料を支給しなかったと起訴され、マニラ軍事裁判で死刑判決を受け、昭和二十一年九月二十六日、フィリピンで処刑されている。支給しなかったのではない。洪思翊中将を含む日本兵も食料は底をついていた。

バターン・死の行進で武藤章は処刑された。バターン半島で降伏した一万五千の米兵と七万五千のフィリピン兵を食糧のないマリベスから基地のあるサンフェルナンドまでの六〇キロの平坦な道を四日がかりで水筒一つ持たせて行進させた。同じ道のりを日本兵は四〇キロ余りの装備を背負って歩いた。歩いた。一日平均十五キロの平坦な道を歩くのは、ハイキングの初心者コース以下の道程《みちのり》である。食糧は乏《とぼ》しかったが死者が出るような行進ではない。しかし全て日本を悪者にしなければならない。日本が死の行進をさせたのだと罪のない武藤章も処刑されている。

## 戦勝国の戦争責任

八月六日に広島に原子爆弾が投下され、九日に長崎に投下される前日の八日、ソ連は日ソ中立条約を一方的に破り、満州、北朝鮮、南樺太《からふと》、千島列島に侵略し、日本がポツダム宣言を受諾した後の八月末に千島列島を占領した。

八月十五日を期して、日本は停戦し整然と武器を渡した。ポツダム宣言第九条には「日本軍人がすみやかに帰国し各自の家庭に復帰し平和的に生活を営《いとな》む機会を与えること」を明記しているのに、ソ連は百万人にも及ぶ日本将兵や民間人を拉致して強制労働をさせた。その内、日本に帰れたのは五十三万人、凍土のシベリアの強制労働で死亡した人は四十万人以上とされている。明らかな国際法違反であり、こんな国が東京裁判の判事として顔を出している。

東京裁判の模様は連日ラジオで流され、新聞で報道されていた。全てＧＨＱの検閲済で、日本軍の悪事ばかり伝えられ、毎日毎日、「日本が悪い、日本が悪い」といい続けられた。本当にそうなのだ、と我々日本人は洗脳されてしまった。

ソ連もソ連なら、アメリカの戦争犯罪はさらにひどい。昭和二十年三月十日の東京大空襲では一晩で十万人もの罪のない市民が焼き殺された。その大部分は女子、子供と老人である。一口で十万人と言っても実感がわかない。アウシュビッツでナチスがユダヤ人を毎日千人ずつ焼き殺したとして、十万人殺すには百日、つまり三ヶ月以上はかかる。それだけの市民をアメリカはたった一晩で殺している。

名古屋、大阪、神戸などの大都市や四百を超える市町村に焼夷弾《しょうい》が投下され、無差別爆撃という残虐戦で虐殺された一般市民は五十五万人とも言われている。さらに、広島、長崎の原爆の死者は二十一万余人である。ＧＨＱが日本を悪者にしなければならなかったのは、日本は南京で大虐殺をしたと作文しておいて、だから懲《こ》らしめのため無差別空爆をして、原爆も落としたのだ、と自己の正当化を計っている。東京武蔵野市の亜細亜大学法学部に、『日本「南京」学会』がある。学会ではこれまで十余年にわたりあらゆる面から「南京」を研究調査しているが、虐殺の事実は出ていない。ＧＨＱに自己を正当化する材料は何もないのである。

# 第十章　日本が目を覚ます時

## 誰がシナを失わせたか

アメリカが日本をやっつけてから稼《かせ》ぎにいこうとしていた満州も支那も気がつけば全て共産党の手に落ちていた。この頃になってやっとアメリカでは「誰がシナを失わせたか」という議論が沸《わ》き起った。アメリカはコミンテルンと支那共産党の策謀を知らなかった。日本が安全で安定した国にした満州が、反共の砦《とりで》であった事を理解できなかった。シナを失わせたのは蒋介石を援助したアメリカである。

さらに、アメリカのディーン・アチソン国務長官が「アメリカの防衛線はアリューシャン列島、日本列島、沖縄、フィリピンである」と発言し、韓国が防衛線の中に入ってなかった。それを聞いてスターリンと毛沢東は金日成を後押しして一挙に韓国に攻め込んだ。東京裁判の死刑執行があって、わずか一年半後の昭和二十五年六月、まだ戦争の血の臭いが残っている時に、である。ソ連は飛行機を出し、毛沢東は百万の軍隊を出し、ソウルから釜山まで侵攻した。この時になって始めてマッカーサーは全てコミンテルンが動いており、東京裁判で満州や支那事変に関して清瀬弁護人らが言ったことが本当だったとやっと身にしみてわかったのである。
三十八度線、現在の板門店《はんもんてん》での停戦ラインが決まる迄の三年の戦争で、大東亜戦争と同じぐらいのアメリカ兵が戦死している。

## A級戦犯の名誉回復

大東亜戦争を清算するサンフランシスコ講和条約は、昭和二十七年四月二十八日に発効した。そしてこの年から昭和三十年七月十九日の衆議院及び参議院本会議で「戦争受刑者の即時釈放に関する決議」がされ、国民から四千万もの署名が集った。政府は東京裁判に関係した十一ヶ国の過半数の賛成を得て、収監されていたA級戦犯を昭和三十一年に全員釈放した。日本は講和条約に定められた手続きに従って釈放し、名誉回復を行った。

そもそも人道に対する罪を問われたA級戦犯はいない。A級戦犯たちが問われた平和に対する罪は国際法には存在しないものであった。日本を悪者にする目的でA級戦犯とされただけである。いずれにせよA級戦犯の名誉が回復された。これによって東京裁判ででっち上げられたいかなる戦犯も存在しない。

靖國神社は幕末からの国難に殉じた御霊を慰霊し顕彰《けんしょう》する場であり、敵国兵を含め、自国兵の戦死者を祀るのは昔から続いてきた日本の文化である。

ところが、中共などから靖國神社は侵略戦争のシンボルとして、日本政府要人の参拝に口をはさんでいる。靖國神社はＧＨＱの神道指令によって、宗教法人となった。相手国の宗教に口をはさまない事は世界の常識であり、日本政府は内政不干渉の原則に反する、と毅然《きぜん》と抗議し、そんな横やりに耳を貸してはならないのである。そして侵略戦争とは、昭和二十五年に中共がソ連と共に韓国の釜山まで侵略した戦争だといい返すべきである。

その一方で、靖國神社に参らない政治家がいる。日本のため一命をなげうった英霊を心から祀れないのなら、政治家としての覚悟ができていないのではないか。

国難に対しては自らの体をはって国の防波堤となるのが政治家の使命である。その政治家が、英霊と心を一つにできないのなら、一命をはって国を守る決意が備わっていないのである。

また「日の丸や君が代が侵略戦争のシンボル」であったとして、日本の国旗や国歌に反対している政治家がいる。「侵略のシンボル」と言うなら、「侵略」の事実を明らかに指し示さなければならないだろう。しかし、日本史を洗いざらいに探してみても、「侵略」のひとかけらの事実も出てこないのである。

## ケーディス、五月三日を笑う

ＧＨＱの第四弾は、占領憲法の押しつけである。占領下の七年間、日本には主権がなかった。主権のない国にどうして憲法が制定できるのか。国際条約では、戦争で占領された国の憲法、宗教、文化、言語を変えてはいけない、と結ばれている。

フランスのヴィシー政権は、ナチスによって占領された。イギリスに亡命していたドゴールが戻って政権に就《つ》くと、実質ヒットラーが決めたヴィシー政権の決議を全てなかったことにした。フランス憲法の第九四条にも「本土の全部もしくは一部が外国軍隊に占領されている場合は、いかなる改正手続きの着手、遂行《すいこう》もできない」と規定している。

しかし日本では主権のなかった時代に、教育基本法が昭和二十二年三月三十一日に制定され　明治天皇のお誕生日の昭和二十一年十一月三日に憲法が公布され、翌昭和二十二年五月三日に占領憲法が施行された。したがって日本が独立を回復した昭和二十七年四月に、占領憲法を無効宣言し撤廃《てっぱい》すべきであった。

昭和二十一年二月三日、マッカーサーはホイットニー民政局長にリンカーン誕生日の二月十二日迄に、つまり一週間で憲法草案を作れと命令した。憲法の一つの柱は日本人の生命を守るためであっても日本に交戦権はない、というもので、要は日本が攻められたら日本人は諦《あきら》めて死ね、という憲法である。二月十三日、日本に手渡され、二日以内に回答せよと迫《せま》られた草案には「土地その他の天然資源は国有とする」という共産主義者が書いた規定もあった。ホイットニーは松本烝《じょう》治《じ》国務相、吉田茂外相に、日本がこの草案を受諾しなければ、天皇の身体の安全は保障しないと脅《おど》している。

最後通告の後も日本は最後までギリギリの折衝《せっしょう》を続け、土地、資源の国有化は削除したものの、国を守る規定については交渉でなく命令だ、というGHQにはどうしようもなかった。民生局のケーディス大佐の次の異論も無視されている。

銃剣で強制された憲法は銃剣がつきつけられている期間しか、長続きしない。武力が撤収され自由行動がとれるようになれば、日本人はその瞬間に、強制的に押しつけられたという気持ちから離れるために、その憲法を破棄し、おそらく異質のものを入手するに違いない。

ＧＨＱの担当官ですら、日本は憲法を破棄する、と思っていた。しかし、ＧＨＱに洗脳され、腑抜《ふぬ》けにされた日本人は独立してもこの銃剣で強制された憲法を破棄する事すらしなかった。

憲法の前文に次の一文がある。「日本国民は、（中略）平和を愛する諸国民の公正と信義に信頼して、われわれの安全と生存を保持しようと決意した。」とある。

具体性がなく、全く理解できない一文である。先ず「平和を愛する諸国民」とはどこの国民を指しているのか。さらに、「平和を愛する諸国民」に「公正と信義」があるのなら、大東亜戦争が終ってから今日まで全世界で勃発《ぼっぱつ》してきたおびただしい数の戦争、紛争がなぜ起ったのか。

「安全」を委《ゆだ》ねる事は国際法にある。しかし、「生存」を委《ゆだ》ねるとは、事があれば国民の生命を差し上げます、という事になる。日本人の命をどこかの国に預けているのである。『外国の諸国民』に日本人の「生存」を『保持する』責任と義務があるとは思えないし、実際どんな形で日本人の「生存」を守るのか、全く現実性がない。こんなわけのわからない憲法を、われわれは今も有難く頂いている。

五月三日は憲法記念日という祝日となっている。祝日などではない。「屈辱強制占領憲法施行《しこう》の日」であり、祝日としている日本人のふがいなさに、ケーディス大佐はあの世であきれ返っていることだろう。

昭和二十一年六月二十六日、衆議院本会議で憲法九条に関し、社会党中央執行委員の鈴木義男氏の発言である。

戦争の放棄《ほうき》は、国際法に認められている自衛権の存在までも抹殺《まっさつ》するものでない事はもちろんであります。永世局外中立《えいせいきょくがいちゅうりつ》というものは前世紀のもので、時代錯誤《さくご》でありますす。国連加盟国はその安全を保全せよと求める権利があり、我々は消極的孤立、中立政策をとるべきでなく、積極的な平和機構への参加政策を取るべきであります。

六月二十八日には共産党を代表して野坂参三氏が発言している。

戦争には二つの種類がある。一つは他国征服、侵略の戦争でこれは正しくない。同時に侵略された国が自国を守るための戦争は、正しい戦争と言ってもさしつかえない。憲法草案に戦争一般放棄でなく、これを侵略戦争の放棄とするのが的確ではないか。

強制占領憲法が公布されたのは、昭和二十一年十一月三日のこと。公布の五ヶ月程前には、社会党も共産党も国民の生命を守る健全な見識を確かにもっていたのである。

## 皇室典範の改悪

ＧＨＱの第五弾も強烈であった。「日本は悪かった」と思いこませ、何に対しても手むかわない意気地《いくじ》なしにした。そうしておいて、日本の国体である皇室の皇室典範の改悪にまで手を伸ばした。

法政局部長の井手成三氏は、ＧＨＱ民生局政治課のピーク博士の追求に対して、最後まで皇室継承の万世一系の不文法は破れない、と譲らなかったが、皇室制度の改悪は余儀なくされた。

ＧＨＱはまた、皇室の経済力を奪う政策を打ち出し、皇室財産を凍結した。宮家に対しては歳費の支給を停止し、各宮家の財産に九割もの財産税を課し、宮家への宮内省職員の派遣などを停止した。これらによって存続不可能な状態に追い込まれた皇族は、高松宮、秩父宮、三笠宮の三宮家以外の十一宮家五十一人が皇族の身分を離れる、つまり臣籍降下《しんせきこうか》をされた。昭和二十二年の事になる。

皇位継承の安定のため、旧宮家の皇籍復帰はわれわれ国民の切なる願いである。

---

## ■ コラム　エルトゥールル号物語

明治二十三年、オスマン・トルコ帝国の親善使節団が明治天皇の謁見《えっけん》を終え、帰国の途中、六五六名を乗せたエルトゥールル号が台風のため、和歌山県串本町大島沖で沈没した。大島の男達は遭難者を助け、冷たくなりかけた負傷者には裸になって自分の体温で温めた。女達は不眠不休で介護や食事の世話をした。非常食用の鶏などあるものを全て提供した。島の人々は当り前のことをしただけ、と救援の費用の受け取りを拒《こば》んでいる。

---

元氣になった生存者六十九名は、日本の軍艦「金剛」、「比叡」で、日本全国から集った二千五百万円の義援金と共にイスタンブールまで送られた。

それから九十五年後の昭和六十年三月、イラン・イラク戦争で、イラクのフセイン大統領は三月十九日以降はイラン上空の民間機も打ち落とすと発表。他国の人々は母国の特別機で脱出する中、日本人二百十五名がテヘラン空港に取り残された。時間切れを目前に、トルコ航空機が日本人全員を救出した。

後日、日本の航空会社は「航空機の安全の保証がなかったから」救援機を出さなかったと答え、トルコ航空は「日本人の安全の保証がなかったから」救援機を出したと答えている。答えがあべこべである。

エルトゥールル号の遭難から九十五年、トルコの人々は明治の日本人の献身的な救援に対しての恩を忘れてはいなかった。

## 本丸を落とせ

ＧＨＱが日本という城の天守閣を落としにかかった。その天守閣とは教育勅語である。

ＧＨＱは日本人の骨ぬきの最後の一弾として教育勅語の失効を画策した。前述した通り、教育勅語は法律でも何でもない。明治天皇陛下が国民の皆様と共に私も心がけて努力します、と語りかけられたお言葉である。

ＧＨＱは日本の子供達が　陛下のお言葉によって元気に育っては困るのである。日本人が世界の表舞台に永久に出られないようにすることが占領政策の目的であった。

ＧＨＱが直接に廃止処分すれば反発がでる。そこで日本の議会を動かして、昭和二十三年六月十九日、教育勅語の失効を決議させた。

教育勅語を日本から抹消することによって、ＧＨＱの占領政策は完結した。ところが、ＧＨＱが抹殺した教育勅語が、なんとアメリカの国民道徳の本となって、三千万部発売されている。つまりアメリカの家庭で聖書の次に愛読されているのである。

つまり、「日本の伝統文化と歴史を学ぶ会」の小池松次氏は、教育勅語を元にした道徳教育の書、『修身・日本と世界』を昭和五十一年に出版し、この本は皮肉なことに日本ではなく世界各国で絶賛された。そして、この本を種本としてアメリカでは平成五年にThe Book of Virtues（美徳読本）として出版され、この本によってレーガン大統領は教育現場を再建した。イギリスのサッチャー首相、西ドイツのアデナウアー首相も教育改革に用いている。

自分達の生命を他国に委《ゆだ》ねる日本人になった。国旗「日の丸」を掲げず、国歌「君が代」を歌わない日本人になった。靖國神社や全国の護国神社に参らない日本人となった。

もうぼちぼちその時がきてもいいのではないか、日本人が目を覚ます時が……。

## 日本人はかつて美しかった

日本が大東亜戦争中に東南アジア各国から受け入れた留学生約二百人の一人で、マレーシア連邦の上院議員であったラジャー・ダト・ノンチック氏の次の詩を最後に記して本書の締《し》めくくりとしたい。

かつて日本人は
清らかで美しかった
かつて　日本人は親切でこころ豊かだった
アジアの国の誰にでも

自分のことのように一生懸命つくしてくれた

何千万人もの　人のなかには
少しは　変な人もいたし
おこりんぼや　わがままな人もいた
自分の考えを　おしつけて
いばってばかりいる人だって
いなかったわけじゃない

でも　その頃の日本人は
そんな少しの　いやなことや
不愉快《ふゆかい》さを超えて
おおらかで　まじめで
希望にみちて明るかった

戦後の日本人は
自分たち日本人のことを
悪者だと思いこまされた
学校でも　ジャーナリズムも
そうだとしか教えなかったから
まじめに
自分たちの祖父や先輩は
悪いことばかりした残酷無情《ざんこくむじょう》な
ひどい人たちだったと　思っているようだ

だから　アジアの国に行ったら
ひたすら　ぺこぺこあやまって
私たちはそんなことはいたしませんと
言えばよいと思っている
そのくせ　経済力がついてきて

技術が向上してくると
自分の国や自分までが
えらいと思うようになってきて
うわべや　口先では
済まなかった　悪かったといいながら
ひとりよがりの
自分本位の　えらそうな態度をする
そんな
今の日本人が　心配だ

ほんとうに　どうなっちまったんだろう
日本人は　そんなはずじゃなかったのに
本当の日本人を知っているわたしたちは
今は　いつも　歯がゆくて
くやしい思いがする

自分のことや
自分の会社の利益のことばかり考えて
こせこせと
身勝手な行動ばかりしている
ヒョロヒョロの日本人は
これが本当の日本人なのだろうか

自分たちだけで　集まっては
自分たちだけの　楽しみや
ぜいたくに　ふけりながら
自分がお世話になって住んでいる
自分の会社が仕事をしている
その国と　国民のことを
さげすんだ眼でみたり

バカにしたりする
こんな　ひとたちと
本当に仲よくしていけるだろうか
どうして
どうして日本人は
こんなになってしまったんだ

一九八九年四月　クアラルンプールにて

# あとがき

鎌倉時代、承久三年　後鳥羽上皇は幕府の横暴《おうぼう》を抑えようとされた。朝廷に仕《つか》えた葉室家のご先祖らは、今の武力から考えて朝廷に勝ち目はないと上皇をお諫《いさ》めしましたが、上皇は兵をおこされた。たちまち朝廷は破れ、北条氏によって　天皇の首は切られようとしました。天皇をお守りするために首謀者《しゅぼうしゃ》は私です、と葉室家の祖先二人を含む五人の朝臣が名乗り出て捕らえられ斬首されました。

平成二十一年の年初めに他界された奈良、春日大社の元宮司、葉室頼昭《よりあき》氏はその子孫で、「まことに残念無念だったでしょう。しかしそれがすごい陰徳となって、現在私が春日大社の宮司をさせていただいているのだと思います」と語っておられた。宮司は次のお話も残されています。

神職の上級資格の検定試験は九月に東京であり、試験前の八月十五日のお盆には京都の菩提寺《ぼだいじ》のお墓をいつも通り二、三日かけて心をこめて掃除しました。検定当日の試験の問題は『古事記』からの一題だけで、見たことも読んだこともない問題でした。何とも手のつけようがない。そこで私は死んだおふくろと話しをしました。「おふくろ、これはだめだ。また一年勉強して来年受けなければだめだ」と。そうしたら何と、見たことも、読んだこともない問題に対して、こんな解答ではないかと、心に浮かんできました。それを答案に書いたら見事に合格したのです。おそらくあの時、おふくろが教えてくれたのだと思います。どうしておふくろのことを思いだしたのか。それは多分、おふくろの念がこちらに来ていて、その母親に私が話しかけたからだと思います。

試験の間際《まぎわ》に墓掃除なんてと、ご先祖さまの供養をおざなりにしてはいけない。そこに祖先の尊さ、祖先の加護《かご》というものがあるのです。

実際にあったこのお話は、子供のことを思う母親の波動が、母親を慕う子供の波動とお互いに共振共鳴しあって、母から子供に解答が伝わったとしか考えようがありません。

また、「仏さまは御飯が食べれないのに、どうして毎朝ご仏壇にお仏飯《ぶっぱん》やお水をあげるの」と聞く人がいます。それは、先祖を供養する心が波動となって黄泉《よみ》の世界におられるご先祖さまに伝わり、喜ばれたご先祖さまが美しい波動を送り返してこられて、われわれが元氣で幸せになる仕組みになっているのです。しかしこれは、科学で証明したり理屈で説明できることではありません。実は心というものは、目に見えない波動をもったサイ粒子であり、このサイ粒子の仲間のニュートリノは、あの世とこの世の間をも往復していると言われています。

「西洋医学の限界打ち破る新しい波」（十五・九・九付産経新聞の「正論」）と題する村上和雄筑波大学名誉教授の文章です。

アメリカ西海岸の心臓病患者三百九十三名を対象にした実験で、他人に祈られた患者はそうでない患者より人工呼吸器、抗生物質、透析《とうせき》の使用率が少ない事実がわかった。しかも、東海岸側からの祈りも、病院に近い西海岸のグループからの祈りも同様に効果があった。そして、これらの患者は祈られていることすら知らなかった。

教授は、「祈りが患者に通じる深い聖なる部分については、おそらく科学だけでは永久にわからないかも知れない」と結んでおられます。

我欲のない、つまり無私の「祈り」にはものすごく大きな力があるのです。つまり、「神話」や「御歴代天皇の祈り」にはとてつもなく大きな力が秘められています。

今、私たちは「科学的」な事だけを信用し、「理屈」で物事の善し悪しや損得を考えることに慣れてしまったのではないでしょうか。それでも、科学的でもなく理屈に合わない「祈りの聖なる部分」もまた、目には見えないけれど認めないわけにはいきません。神社にお参りし、そして、われわれを日々祈られている　天皇陛下に敬愛の念を抱くことで、私たちに幸せが頂けることも間違いのない真実だと思うのです。

神話には想像と創造の世界があり、それが古代史から近現代史まで連続したひとつの歴史としてつながっています。未来への知恵は、この歴史の中にあります。

本の後半では、GHQが日本に残していった「日本悪者論」は、全く史実と逆であることを書きました。史実に沿って日本史を歩けば、日本がどんなに素晴らしい国であるかが、よくわかるでしょう。

そこで思うのは世界中ほとんどの国では、国旗の掲揚、国歌の演奏（斉唱）の際には誰もが起立して姿勢を正し敬意を表わします。もちろん、国際的な式典などで外国の国旗掲揚、国歌斉唱の時にも、同じように静粛《せいしゅく》にして敬意を表わすのが世界の常識です。

わが「日本」に誇りを持ち、高らかに国旗「日の丸」を掲揚し、国歌「君が代」を唱いあげる、——明日の子供たちのため、今、私達はここから始めなければなりません。

最後になりましたが、本書を著《あらわ》すに当たっては、参考資料を提供して頂いたり、原稿の段階で助言を頂いた啓蒙作家の三好誠先生、日本政策研究センターの岡田邦宏所長、創造文化研究所の中島剛所長、日本「南京」学会の小田島泰雄氏に深くお礼を申し上げます。また、一歩踏みこんで全体にわたってご指導を頂いた高木書房の斎藤信二氏に心から感謝を申し上げます。

# 参考文献


新訂　古事記　武田祐吉　中村啓信　角川日本古典文庫
古事記と日本国の世界的使命　谷口雅春　光明思想社
日本人なら知っておきたい「日本神話」　出雲井　晶　産経新聞社
みことのり　森清人先生顕彰會　錦正社
読み解き古事記　坂田安弘　産経新聞出版
縄文の生活誌　岡村道雄　講談社
まぼろしのヤマタイコク　三好　誠　国書刊行会
親子で学ぶ偉人伝　荒川和彦　荒川春代　明成社
万葉集　伊藤　博　角川ソフィア文庫
古今和歌集　窪田章一郎　角川ソフィア文庫
国民の歴史　西尾幹二　産経新聞社
高等学校　最新日本史　朝比奈正幸ほか九名　国書刊行会
日本の歴史教科書　藤岡信勝ほか十五名　自由社

| | | |
|---|---|---|
| 新しい歴史教科書 | 藤岡信勝ほか十一名 | 扶桑社 |
| 二宮尊徳 | 岡田幹彦 | 日本政策研究センター |
| 二宮金次郎 | 千葉ひろ子 | （財）新教育者連盟 |
| 吉田松陰 | 後藤久子 | （財）新教育者連盟 |
| 南洲翁遺訓の人間学 | 渡邉五郎三郎 | 致知出版社 |
| 小村寿太郎 | 岡田幹彦 | 展転社 |
| 東郷平八郎 | 岡田幹彦 | 日本政策研究センター |
| 乃木希典 | 岡田幹彦 | 展転社 |
| 日韓併合 | 崔　基鎬 | 祥伝社 |
| 昭和天皇 | 出雲井　晶 | 産経新聞社 |
| 孫文と毛沢東 | 井貫軍二 | 教育タイムス |
| 大東亜戦争の真実 | 中島英迪 | 国民新聞社 |
| 日中戦争真実の歴史 | 黄　文雄 | 徳間書店 |
| はめられた真珠湾攻撃 | 三好　誠 | 新風書房 |
| 「東京裁判」を裁判する | 渡部昇一 | 致知出版社 |

パール判事の東京裁判日本無罪論　田中正明　小学館文庫
インドネシア紀行　中村　粲編　展転社
自らの身は顧みず　田母神俊雄　ＷＡＣ
英霊の言乃葉　靖國神社
日本国憲法　柳町敬直　小学館
「憲法神話」の呪縛を超えて　伊藤哲夫　日本政策研究センター
トルコ　世界一の親日国　森永　堯　明成社
歴史人物講座（連載企画記事）岡田幹彦　産経新聞
各歴史、文化研究団体の資料、機関紙及び歴史・文化講座の講話

## 筆者紹介

岡島　茂雄（おかじま　しげお）
昭和２０年、大阪府池田市に生まれる。
昭和４３年、関西学院大学、経済学部を卒業。
現在、会社、及び団体役員。
著書『明日に続く道』他。

---

日本史を歩く

平成二十三年二月十一日　発行
平成二十四年四月二十九日　第二刷発行
平成二十六年四月二十九日　改訂第一刷発行

著　者　岡島　茂雄
発行者　斎藤　信二
発行所　株式会社　髙木書房

〒一一四－〇〇一二
東京都北区田端新町一－二一－一－四〇二
電　話　〇三－五八五五－一二八〇
ＦＡＸ　〇三－五八五五－一二八一
印刷・製本　壮光舎印刷株式会社

落丁・乱丁は弊社負担にて
お取替えいたします。

---


ISBN978-4-88471-203-7
Printed in Japan

伊邪那美神と御子神
出雲井晶「日本の神話」伝承館（財団法人国民精神研修財団内）より